郵便はがき

1670053

お手数ですが
52円切手を
お貼り下さい

東京都杉並区西荻南 3-8-16-805

原 アカデミー 行

この度は 原久子 の書籍をご購読いただきまことにありがとうございます。
この本の感想・原久子へのメッセージなどをお聞かせ下さい。

★ 感想をお送り頂いた方には、小冊子を贈呈させて頂きます。★

※お手数ですが書籍名をお書きください

書籍名：

ご案内 原久子のセミナー・講演会などの資料をご希望の方は必要事項をご記入の上、郵便またはFAXでご返送下さい。

フリガナ 氏　名		男・女	才
ご住所	〒　　－		
ご連絡先 TEL	(　　　)		
FAX	(　　　)		
e-mail	@		

原アカデミー　FAX：03-3335-3202

真我《しんが》に目覚めれば願いが次々と叶う

Hara Hisako
原 久子

KKロングセラーズ

はじめに

真我にめざめれば願いが次々とかなう

昔から、悟りを求めたりヨーガを行っている方々にとっては知られていた「真我」という言葉が、最近では京セラの稲盛和夫名誉会長や、科学者であり遺伝子研究の第一人者の村上和雄先生も本の中ではよくお話されています。

村上和雄先生は「真我」のことをサムシング・グレートと言われています。

また日本では昔から「真我」のことを仏性や内なる神などと呼んでおります。

日本には至る処に神社があり、その数は十万社以上といわれています。無神論者が多いといわれている日本にこれだけ多くの神社があり、初詣や年越しの大みそか、七五三そして嬉しい時、悲しい時、人生に行き詰まった時に多くの人々が神社に行き、手を合わせています。これは無神論者であろうがなかろうが、多くの人が神（真我）の存在をどこかで信じているからなのだと思います。

ところが、この大切な誰の内側にも存在する真我（内在の神）に出会う方法や、「真我」が私達の内側に存在していることを実感できる方法を、学校でも家庭でも教えてもらえなかったのが現実ではないでしょうか。

私が初めてヨーガと出会った二十歳の頃、ヨーガの本の中で聖者と言われる方々は、真我一如の境地で生活しているということを知り、そのことにとても惹かれました。

そして、いつか私も真我の境地（感謝・喜び・平安で心が満たされている状態）で生きられるようになりたいとの思いが心に生じておりました。

しかし当時の私は、真我（聖なる存在）を頭ではわかっていても、私を守って下さっているとは信じられませんでした。その後、真我を知りたい、真我と出会いたいとの思いが強まり、いつの間にか真我と出会う方向へ導かれて行きました。

私は武蔵野音大卒業後、ピアノの演奏をしながら生計をたてておりました。その間に鍼灸学校へ通い、その後、ヨーガを教えながら針灸の治療院を運営して生活しておりました。

しかし、どうしても真我と出会いたいとの思いが強くなり、三十代後半に山に三年間入り心の浄化のための瞑想を行ないました。その間は、真我の助けを受けながら人間関係を通して自分の内側に溜めてしまったマイナス的な感情を解放していき、感謝心を導き出すことを目的として行ないました。

その結果、真我との絆が深まり、真我から様々なことを教えていただけるようになりました。すると、以前はどれだけ願っても叶わなかった理想や希望が次々と叶う世界に入っていったのです。あまりにも早い速度で物事が叶っていくので、体の方がそれに追いついていくのがやっとの状態で今日まで至っております。

つまり必要な人、物、お金は次々と与えられ、並行して三十代の頃までは病気の問屋状態であった私の体が嘘のように回復していきました。それからはお医者さんにかからず薬も飲まず、心の浄化と呼吸法と食事療法で回復した症状は数えきれないほどあります。

まずは下剤を飲まずにはお通じが無かった二十年来の便秘が治りました。次に人工透析の一歩手前まで行っていた腎臓が正常に働き出しました。アトピー性皮膚炎が完治し、〇・〇一くらいの視力しかなかった近眼が眼鏡不要となりました。

更に年中腰痛に悩まされていた腰も今は腰痛と無縁になっています。

そして長年のO脚が原因でなった巻爪も真我に治し方を聞き、そのメッセージ通りのことを行なうことで治りました。

その後は事故による背骨の圧迫骨折の時や腸閉塞を起こした時も真我に治し方を聞くと答えが返ってきて、治療に必要な呼吸法や瞑想を教えていただき、実践することで一週間くらいで治ってしまいました。

ただし、病院に行くべき必要のある時にはそのように導いて下さいます。真我はお願いをすると、どんなことにも協力して下さるのです。これは私だけでなく、私のスタッフやセミナーに参加された多くの方々が体験されています。

一人でも多くの方々が本書によって「真我」の存在を知り、「真我」に目覚め、「真我」と友達になって、各人の願いを叶え、幸せになっていただけることを切に願っております。

原　久子

真我に目覚めれば願いが次々と叶う●目次

三章

感謝を深めることで真我とのつながりが深まる　45

一章

誰の内側にも存在する
意識の本質「真我」

▼愛・感謝・喜びに満ちあふれる真我につながる生き方

人生には、大きく分けて二種類の生き方が存在します。それは真我（仏性、聖なる存在、内在の神などとも呼ばれています）の応援を受ける生き方と、偽我（マインド）に翻弄される生き方です。

真我とつながる生き方は、愛、感謝、喜びに満ちあふれています。自分をあるがままに受け入れ、愛し、周囲との結びつきを強く感じながら生きていくことができるようになります。自分自身を愛することによって、他者の存在を自然と受け入れられるようになり、人間関係はより良いものに変わっていくでしょう。実際、真我の存在を知り、理解を深めていくと、素晴らしい仲間が増えてきます。また、心身ともに健康になり、金銭面でも良い影響が現れてきます。このことは、後ほど詳しくご説明いたします。

真我とは、私たちの意識の本質であり、ワンネス意識という言い方もされています。

つまり私たちが、真我とつながると、自分と他人や動物、植物、大自然などとのつながりを感じるようになります。その結果、すべての存在が愛しく感じられるようになり、この意識状態のことをワンネス意識というのです。

真我は宇宙の創造主である大いなるものから分かれてつくられたものであり、宇宙のすべての法則を統括している英知のことでもあります。

心は目に見えないものですが、わかりやすく平面図にしてみますと、円で表すことができます。

円の表面、つまり表面意識は、顕在意識と呼ばれる部分ですが、心の中ではほぼ一〇%程度を占めています。その奥にあるのが九〇%の潜在意識であり、更にその一番奥にあるのが「真我」です。

これは、「宇宙意識」と直結した意識といってもよいでしょう。ほかの言葉でいえば、「本物の自己」「大いなる自己」などと呼ばれている部分です。

この真我の部分は、愛、感謝、喜び、調和、至福、希望などのプラスのエネルギーで充満しているのです。

この真我とつながることによって、本当の自分の望みが明確になり、その願いが次々と実現していくことになります。

▼不安・怒り・恐れ・悲しみを生じる偽我の生き方

一方、偽我（マインド）で生きるというのは対立状態であり、常に心のなかに不安、怒り、恐れ、動揺、悲しみを生じます。「自分はなぜこんなに不幸なのか」「あの人のせいで自分の人生は狂ってしまった」と思いながら毎日を過ごしています。

ではなぜ、私たちはこの地上に生まれたときに、偽我（マインド）を与えられたのでしょうか。実は偽我（分離意識）は、人類が進化するために与えられた意識ともいわれています。真我の助けを全面的に受けているだけでは、人間は成長することができません。人間関係を通じてさまざまな体験をし、苦しみや悩みを味わうことによって、魂を成長させていく。そのために、人類には偽我が与えられているのです。

いったんこの世に生を受ければ、いやが応にもさまざまなレベルの人たちと出会うことになります。本当に素晴らしい人もいれば、性格に問題を抱えている人、自分に危害を及ぼそうとする人などもたくさんいます。

ただここで申し上げておきたいのは、自分と波動の異なる他者と出会うのは、現世でしかできない、ということです。あの世には厳然と階層があり、自分と同じレベル、同じ意識状態の人たちで構成されています。

ですからこの世では素晴らしい聖者にも出会えますが、あの世でそうなるとは限りません。そのためにも、現世でさまざまな体験をし、魂のレベルを成長させる必要があるのです。

▼試練が魂のレベルを成長させる

ここでひとつ、想像してみてください。もしあなた以外の他人がお釈迦様やマザー・テレサのような素晴らしい人たちばかりで、愛情も深く、自分だけが好き放題できるような状態だとしたら、はたして、本当に幸せだと思いますか。

きっとそのような意識レベルの高い人と話は合わないし、自分がみじめになるだけではないでしょうか。「愛深き人になりたい、何でも許せる人に成長したい」と願ったとしても、周囲が何でも許してくれる状況ですから、それを実現することは困難だと思います。

ですからあなたを成長させてくれるのは、自分に辛くあたる人なのです。あなたを一番苦しめた人が、実は自分を一番成長させてくれる人であったりします。


人間の魂のレベルというのは、逆境や嫌な相手に出会ったとき、それをどこまで許せるかでその人の価値が決まってくるのだと思います。

もちろん、最初からすべてを許すことは難しいでしょう。努力するには、時間もかかります。しかし試練を乗り越えるたびに、相手を許すまでの時間が次第に短くなってくるものです。

誰しも嫌なことは嫌だし、悲しいことは悲しいと感じると思います。それはそれで構いません。ただ、いつまでもその感情に引っ張られていたら、前進することはできませんし、なんのプラスにもならないでしょう。

やはりその感情を自分なりに処理して、次のステップに進めていく。それが人間の成長というものだと思います。

人生には、自分に不都合なこと、好ましくない出来事がたくさん起こってきます。なんでも思い通りにいくわけではありません。自分をより磨いてくれるために、さまざまな人たちが現れます。これまでの常識を越えるような人物に出会うこともあるでしょう。

私自身も振り返ってみると、心の浄化や瞑想呼吸法を重ねるごとに理想や希望が実現し、身体の調子も良くなってきましたが、試練も次第に大きくなってきています。

「いままでこんなひどい人には出会ったことがない」というくらいすごいサギ師のような人にも出会いました。昔であればそれに圧倒され、潰されてしまったかもしれません。しかし、いまなら乗り越えられるというタイミングでこそ、そういう人たちと出会うのだと思います。試練が大きくなればなるほど、そこからの学びは大きくなりますから、感謝すべきことといえるでしょう。

世の中で成功者、大物と呼ばれる人たちは、私たちの比ではないほどの試練を受けています。生きるか死ぬか、ホームレスになるかどうか、ぎりぎりの試練を受けてきたに違いありません。

たとえば会社の経営者にしても、いいときばかりではないでしょう。お金のやりくりがうまくいかず、もうどん底で、自分の給料がなくても社員には支払わなければならない状況を切り抜けてきた方々はたくさんいらっしゃいます。

でも振り返ってみれば、乗り越えられない状況なんてないものです。「もうこれ以上は無理かもしれない」と思うくらい大変なことがあっても、真我と向き合い、どうすればいいかを考えていくと、不思議なくらいインスピレーションがわいてきます。「こんな方法があったんだ」と自分でも驚くくらいです。そしてそれに対処していくと、以前よりも会社がより良くなり、大きく発展させることができるのです。

ですから目の前に現れた試練というのは、非常に大きなチャンスだととらえるべきではないでしょうか。真我がその背後に大きなプレゼントを用意してくれていると信じて、「よし、この山を越えていこう」と考えることが大切です。

それを「もう無理だ」と自分がめげてしまったり、自身に能力がないと線を引いてしまったら、それでおしまいです。

そうではなく、試練と向き合い、どこに問題があって、今後はどのように対処すればいいのかを学ぶことで、誰でも成長することができるのです。

▼偽我（マインド）に翻弄されると健康を損なう

私が精神世界に出会う以前は、偽我に振り回されており、小学校、中学校、高校と集中力のまったくない子どもでした。学校では、正面を向いている時間などほとんどなく、横を向いたり、後ろを向いたりしておしゃべりばかりしていて、先生からはしょっちょう叱られたものです。

真我についてまったく知らない頃ですから、偽我に完全に支配されていました。つまり、常に心の中は対立状態が続いていて、心の中は不安、怒り、恐れ、悲しみ、イライラに占拠されていたのです。

いつも心がザワザワしていて、「自分はなぜこんなに不幸なのか」「母親のせいでおかしくなってしまった」とばかり考えていました。もちろん、授業の内容なんて頭に入ってきません。試験のときはどうしたかと申しますと、友人からぜんぶノートを借りて、一週間前から必死になって勉強しました。とはいえ集中力がありませんから、三日ほどは何も頭に入ってきません。

それでも進級するにはテストでそれなりの点数をとらなくてはなりませんから、カフェインを受け付けない体質なのにコーヒーや紅茶を飲んで眠気を飛ばし、無理やり机に向かっていました。

それで試験まで残すところ二日くらいで必死になって勉強し、なんとかやり過ごしていたのです。いま振り返ると、本当に大変な状態でした。

そういう状況ですから、自律神経が完全に狂ってきます。小さい頃からじん麻疹に悩まされ、二十歳を過ぎてからはアトピー性皮膚炎にかかりました。腎臓は弱く、肝臓や腸にも変調をきたし、神経痛、腰痛、強度の生理痛、低血圧に冷え性と、病気の問屋状態でした。

どうして健康を損なうかというと、常に心身が緊張状態に置かれたからなのです。心配や取り越し苦労で平安がないので、熟睡もできません。睡眠の質が悪いために、朝起きたときから頭がボーっとしていましたし、将来への希望も持てない状態でした。

また、自己嫌悪の感情をもっていると免疫力が低下し、喘息や花粉症も併発します。女性性を否定すれば卵巣、子宮などに不調が起きますし、男性であれば生殖系統に不具合が出てくるでしょう。

これは偽我に支配されているためにマイナスの感情をぜんぶ溜め込んでしまい、解放されずにいるので、心が曇った状態で生活していることが原因です。

▼金銭面、対人関係の問題について

不思議なことに、自分の内側で対立状態が続くと、金銭面でも問題が起こってきます。自分には価値がない、幸せになれるはずがないと思っていると、同じような波動をもっている人を引き寄せてしまいます。

これは波長の法則といって、自分と同じ波動、波長の人を引き寄せてしまうわけです。ですので、自分の状態が悪いと、同じ波長の人しか引き寄せないので、お金を騙し取られたり、仕事や事業で間違った判断をしやすくなります。


もし、あなたが精神世界のことを勉強し、数年後に自分の状況を整理してみると、それ以前とその後で、付き合っている人たちが大きく変化したことに気づくはずです。

自分の波動が変わると、自然と以前付き合っていた人たちとは合わなくなっていきます。まずは、話が合わなくなりますし、相手の方も会っても面白くなくなってくるわけです。

少し話は逸れますが、同窓会を思い浮かべてみてください。最初のうち、何回かは出かけていって、「懐かしいね」と盛り上がり、「また会いましょう」と約束しますが、意外と再会することは少ないのではないでしょうか。別に相手が嫌いなわけではないのですが、話の内容といえば「どちらが若く見えるか」とか、病気のことなどで、一日を潰してまで会いにいく必要があるのかな、と思ってしまうことになります。

波長が合わないというのは、そういうことです。

ただ、家族については話が変わってきます。家族は生まれたときのカルマ（業）が関係していて、全部が調和した人同士で家族が構成されるとは限りません。

家族については、前世でうまく調和できなかった人たちが、「今度こそはやり直そう」ということで選ばれます。これは故高橋信次先生がおっしゃっていたことですが、結婚というのは特に自分が一番苦手な相手か、自分を磨くために必要な人が厳然と選ばれるものだそうです。

わずか何パーセントかの割合で、前世で相思相愛だったけれど結ばれなかったカップルが、「来世こそは一緒にならせてください」と祈った結果、結婚することもあるようです。また、魂のレベルがある程度高い男女の場合、協力しあって多くの人を助けるために夫婦になるケースもあるとおっしゃっていました。とはいえ、こうした例は一握りで、多くの場合は自分の魂磨きのために引き合うのが普通のようです。

夫婦の場合は、嫌でも毎日のように顔を合わせますので、逃げ場がありません。ですから、魂を磨くためには最適な関係なのです。結婚前は皆さん夢を抱いて、いい人と結婚したら幸せになるように思っていらっしゃるでしょうけれど、結婚してみて現実とのギャップに悩んでいる方は多くおられます。

もちろん結婚しない方も大勢いらっしゃると思いますが、その場合は仕事など別の人間関係で自分の魂を磨いてくださる相手が出てきますので、心配することはありません。

もう少し夫婦についてお話しますと、恋愛しているときは同じ波長でも、結婚後の魂の浄化度や進歩はそれぞれ異なってきます。片方だけが精神世界を勉強して、魂が成長していくと、次第に話が合わなくなってきます。

ですから夫婦でともに成長したい場合は、ぜひご一緒に精神世界の勉強をされることをお勧めします。


たとえば、こういう例がありました。真我実現セミナーに参加された四十代の奥様ですが、とても素晴らしい方で、社会的にも常識があり、バランスのとれた方でした。一見、何の悩みもなさそうに見えました。

そこでセミナーに参加した理由をお尋ねすると、旦那様が真我実現セミナーを何度も受講されて、非常に人柄が変わられたのだということでした。以前は怖くて話もできない、家にいても口もきかなかったのが、いまは何でも言うことを聞いてくれるようになったとのことです。

その結果、奥様のわがままが次々と出てしまい、次第に怖くなってきたのだそうです。これでは旦那様だけが成長して、魂が向上し、自分が置いていかれてしまうのではないかと思うとたまらなくなり、セミナーを受講したとおっしゃっていました。

▼自分の受け止め方を変えれば、幸せになれる

「どうして相手が変わってくれないのだろう」と思っていらっしゃる方もいるかもしれませんが、相手を変える必要はありません。自分の受け止め方、感じ方を変えれば、幸せになることができます。

もしおかしな人に出会ったとしても、「それも個性なのだ」と思えば、それでよいのです。まだ精神世界のことを知らないうちは、「なんてひどい人なのだろう。許せない」とショックを受けるかもしれませんが、魂のレベルが向上していくと、「ああ、気の毒な人だな。このままいくと大変なことになるだろうな」という風に思えるようになってきます。

でも、その人の人生は、その人のものです。大変でしょうが、がんばってください、と思って終わりです。

私たちはそこで右往左往するのではなく、その人から学びを得て、もっと自分が幸せになる方法を見つければよいのです。

もちろん、家族などが相手の場合、どうしても避けられないケースもあるかもしれませ

ん。それでも、相手の心は変えられないので自分の感じ方や受け止め方が変われば、心を動かされることなく、悩むことはなくなります。

下手にこちらが動くと、次から次へと問題が起きてしまうものです。大切なのは、とにかく不動心でいられるかどうかです。

イエス様やお釈迦様のような聖者に対しても、罵詈雑言を浴びせたり、いろいろ試してやろうと考える人がいたことでしょう。それでもイエス様は全人類の罪を負うために十字架を背負い、石をぶつけられようがなにをされようが、逃げることはしませんでした。

イエス様にとってみれば、それは苦しみではなく、心は不動で静寂であったのかもしれません。

お釈迦様にしても、托鉢に行けば、はねつけられたり、水をかけられたりしたと思います。みんなが善人であるはずはありませんから。

でもそれでいちいち怒っていたら前に進めませんし、おそらく淡々と行動していったのでしょう。

悟りを開いた人はそこまでの域に到達しますが、私たちもそれを縮小した形で、厳しい状況でも越えられないものはないと信じて前進していくしかないと思います。

それが結果として、幸せにつながっていくのです。

二章

真我（聖なる存在）とつながるために必要なこと

▼真我とつながると心身とも健やかになれる

第一章では、真我の存在についてお伝えしました。では、なぜ人は真我とつながることで幸せになれるのでしょうか。

真我の応援を受けて生きるということは、「ワンネス状態で生きる」ということにほかなりません。

「ワンネス状態で生きる」とは、自分を愛すると同時に他の人や動物・植物・大自然のあらゆる存在に愛を感じながら生活するということです。

ワンネス状態にある人は、愛、感謝、喜び、安らぎなどを内側で常に感じ、心身ともに健やかに過ごすことができます。また、あるがままの自分を受け入れることができるようになることも、大切なポイントです。

自分自身を愛せる人は、他人のこともあたたかく受け入れられるようになりますので、対人関係が改善され、自分と波動の合う仲間が次々と集まってくるようになります。

そうすると仲間といる喜びにあふれ、生きとし生けるものすべての存在とともにいる自分を感じながら、日々を送ることができるようになるでしょう。そして真我が身近なものとなり、聖なる存在とともにいる自分を感じられるようになると、幸福を覚える瞬間が非常に多くもたらされます。

もう少し、詳しくご説明しましょう。まず健康面ですが、心の平安を得ることによって自律神経の緊張状態から解放され、副交感神経が活性化します。つまりリラックス効果により自律神経のバランスがとれ、身体の治癒能力が高まるのです。

また、人間はさまざまなパーソナリティ（人格）を内に秘めながら生きています。ワンネス状態になると、このパーソナリティが調和し、心が穏やかになります。逆に、偽我状態（対立状態）で生きている人というのは、パーソナリティのなかでもマイナスの側面をもった部分が多く出てしまい、人間関係がうまく構築できません。

真我の応援を受けて生きている人は、まるで天使や菩薩さまのようだとよくいわれます。しかし、その方々すべての人が昔から明るくて、おだやかであったわけではありません。

私も真我と出会う前は取り越し苦労が多く、心配性で、人前に出るとあがってしまい、相手の顔を見て話をすることもできないありさまでした。

ところが真我の応援を受けるようになってからは、不安が消え、セミナーなどでも自然体で人前で話ができるようになりました。

さらに、真我とつながることは繁栄をもたらします。人間関係が調和されることにより、あるがままの自分を支援してくれる人たちが集まってくるからです。それまでいろいろな手を尽くさなければ築けなかった人脈が、自然と得られるようになっていくのです。

▼苦しみから逃げないで受け入れる

ここで少し、苦しみについてお話ししておきたいと思います。苦しみは、私たちの心の平安をかき乱します。多くの方は、その苦しみから逃れたいと思い、悩んでいらっしゃるのではないでしょうか。

しかし実は、苦しみから逃げることそのものが、苦しみを生み出しているのです。

たとえば、あなたの大切な人が亡くなったと仮定しましょう。あなたは、その事実と直面することを拒みます。そしてその事実から逃げつづけます。それが苦しみの本質です。苦しみとは、実際に起こった事実そのものではありません。

もしあなたがその事実と正面から向き合い、起こったことを敢然として抱き寄せ、苦しみを受け入れる態勢になったとしましょう。

はじめのうちは、とても痛みに満ちたものとなり、身体的にも激しい痙攣や発作を生じさせるかもしれません。そのとき大切なのは、痛みから逃れようとしたり、その理由を論理的に説明しようとしないことです。

そうではなく、恐れずに自ら痛みのなかに飛び込むことなのです。そして敢然と苦しみを抱き寄せ、それを喜びに変えていくアート（技）を身につけていくのです。

心理学や哲学は、苦しみを解消する手助けにはなりません。それらはあなたの逃避の手助けになるだけです。インドの聖者バガヴァンは、「苦しみを喜びに転換するアートを完全にマスターした人は、悟りの境地に至ったも同然です」と言われております。

私たちは、悩みや苦しみから逃げようとしたり、早く終わらせようとするために、より深い苦しみにとらわれてしまいます。そうではなく、苦しみや怒り、悔しさと正面から向き合い、体験することで、心の解放がなされるのです。

苦しみとは、トラの檻のなかに放り込まれ、天井にしがみついている状態と同じです。

聖者バガヴァンは次のように言われています。

『うなり声をあげるトラを見て、いつ食べられてしまうだろうと恐れおののいている状態こそが苦しみなのです。このとき一番良いのは、そのままトラの口のなかに入り込み、食べられてしまうことです。するとトラと一つになり苦しみは消えるのです。』

これを実際のことでお話すると、例えば怒りが出たときに、怒りから逃げずにずっと怒りを体験し続けます。そして怒りを味わい続けそれを味わっていると、いつか怒っている自分がおかしくなり、笑いさえ出てきたり、相手が愛おしくなってきたりすることまであるのです。

▼明確な意図をもち、深い関心をもつ

次に、真我とつながるために必要なことをお伝えします。まず最初に重要なことは、真

我の存在を信じ、明確な意図をもつことです。

「自分は真我とつながりたい、絶対につながるんだ」という決意がなければ、真我の応援を得ることはとうていできません。

「ほかの人は真我とつながることができても、自分には無理じゃないか」と思っているうちは、真我実現に至ることは絶対に不可能です。

どんなに愛情深き真我も、本人が望まないことには協力してくれません。日頃から真我の存在を信じ、声をかけつづけることで、ようやくその応援を得られるようになるのです。

たとえば、子どもが五、六人いる大家族を想像してください。自分が子どもだったとして、なにもいわなくても親は分かってくれるだろう、と思ってもそれは無理な話です。

母親だってたくさんの家事や仕事を抱えており、子どもがなにも伝えてこなければ「無事だろう」とやり過ごしてしまうでしょう。真我もそれと同じです。

求められないことについては、応援してくれません。

ですから私たちはカメラで写真を撮るときのように、真我にしっかりとフォーカスを合わせ、常に聖なる存在に声をかけつづけることが大切です。歩いているとき、食事をするとき、電車を待っているとき、いつでも真我に声をかけ、その存在を意識してください。

私がインドを訪れたときに聞いたお話をしましょう。インドでは幼少の頃から神様の存在を教えられ、聖者を祀っています。

ワンネスユニバーシティに参加したときのことですが、十歳くらいのお子さんが参加されていたときの話です。そのお子さんは食事をするときも、神様の分を用意して、一緒に食べましょう、と声をかけていました。

すると不思議なことに、神様の食事もいつのまにかなくなっていたとのことです。こういう現象は、本当に起きています。インドの聖者、バガヴァンもこうおっしゃっています。「聖なる存在を遠いものと思ってはいけない。自分の本当に身近な存在、両親や親友、または自分を一番理解してくれるパートナーだと思いなさい」と。

真我を遠くの存在だと思ってしまったら、助けを簡単に得ることはできないといつもおっしゃっています。

また、私が「太陽や月の不思議な写真を撮れるようになった」とバガヴァンにお伝えしたときの話です。するとバガヴァンは、「それはあなたのチャクラが開いたこともあるが、もともと太陽や月に興味があったのではないですか」と訊ねられました。それは、確かにそうなのです。

私は小さい頃から天体に興味があり、人間以外で好きなものはなにかと聞かれたときの答えは、太陽や月、星でした。

そしてバガヴァンに「これからは太陽や月の神様と交流できるようになりたい」とお話したところ、「それはあなたがどれだけ関心をもてるかにかかっている」というお答えをいただきました。

これは、私が特別なわけではありません。誰でも明確な意図をもち、強い関心をもてば、真我（聖なる存在）や様々な聖者とつながることができるのです。

▼深い呼吸を身につけてα波の状態になる

明確な意図をしっかりと持ったら、次のステップとして深い呼吸法を身につけます。なぜ深い呼吸が真我とつながるために必要なのか、ご説明しましょう。

私たちは通常、一分間に十四〜十七回の呼吸をしています。これが深い呼吸法（瞑想呼吸法や太陽呼吸法）を行なうと、七回以下にまで減ります。

深い呼吸になるとまずどんなことが起きるかというと、脳波がβ波からα波に変わります。α波がさかんに出るようになると、心が安定し、潜在意識も働きやすくなります。つまり、α波とは、真我とつながりやすい脳波の状態です。

ですから深い呼吸を身につけ、α波を出せるようになると、自然と瞑想状態に入りやすくなり、インスピレーションを受けやすくなります。このため、私は呼吸法が大切だといつも申し上げています。

また、深い呼吸になりα波の状態になると、感情のコントロールができるようになります。人間は怒っているときや悲しいとき、またはイライラしたり、心が偽我（マインド）に支配されているときは、速くて荒い呼吸をしています。つまり、一分間に二十回以上の浅い呼吸です。

このような状態のときはマイナス感情に支配されやすく、真我とつながることが困難になります。そういうときはまず呼吸法をしっかりと行ない、一分間に七回以下の深い呼吸にすることで、まず心の平安を取り戻しましょう。

もし瞑想をする際にうまく真我とつながれないという方は、徹底的に呼吸法を行なってください。そして感情が平安になっているかどうかを確認してから、真我への祈りを行なうと、時間を有効に使いながら瞑想を行なうことができます。

▼感謝の心がもっとも真我とのつながりを早める

もうひとつ、真我とつながるためにどうしても必要なことは、日頃から感謝心を引き出すことです。それは、感謝の心がもっとも真我とのつながりを早めるからです。

真我のエネルギーは愛、感謝、喜び、平安などプラスのエネルギーですが、いくら「喜びを養おう、平安になろう」と思っても、なかなかうまくいきません。

とても暗い気持ちでいる方が、「明るくなろう」と努力しても、簡単には明るくなれないものです。

しかし感謝の気持ちだけは、本人の努力次第でいくらでも養うことができるのです。

感謝は、心のなかにある感動の世界を引き出します。いままでの人生のなかで、感謝の気持ちをもったことがない、という方はいらっしゃらないでしょう。両親や祖父母、学校の先生や親しい友人など、これまで多くの人に感謝しながら生きてこられたと思います。怒りを感じたことがない人がいないように、感謝の気持ちを感じたことがない人もまた、いないはずです。ですからこれまでの人生で「ありがたいな」と感じたことを思い出し、それを何度も呼び起こしていけば、感謝の心は自然と深まっていきます。

そのためになにをすべきかというと、まずはちょっとした時間でもかまいませんから、内観をしてみることです。それも繰り返し、何度も内観を行ない、過去に体験した感謝の心を呼び起こしていきましょう、

一度、内観をしたら終わりではなく、常日頃から感謝の気持ちを心と身体で表現していくのです。感謝は、自動車やストーブと同じで、常にエネルギーを補給しなければすぐに消えてしまいます。

感謝の表現を行なうと、その相手に喜んでいただけます。そしてその感謝の気持ちは、

すぐに自分に返り、循環していきます。感謝されれば誰でも喜びを感じますから、また自分も感謝しようと前向きになれるのです。

このいい循環が始まると、感謝の心は途切れることなく、真我のエネルギーとして養われていきます。ですからこれから真我とつながろうとする方は、常に日常生活のなかで、感謝の気持ちを表現する訓練を続けていただきたいと思います。

また、感謝の呼吸法や瞑想を行なうことも、感謝心を深め、真我とつながるために大いに役立ちます。自分がお世話になった方に目の前に座っていただいて、感謝の気持ちを瞑想を通じて伝えていくことをおすすめします。そうすることで相手は幸福を感じ、そのエネルギーを自分自身も受け取ることができます。

自分が発したエネルギーはこだまと同じようにすぐに返ってきますから、感謝の呼吸法や瞑想を行なう時間を、ぜひつくってみてください。

▼内側にあるわだかまりやトラウマを解放する

ここまで、「明確な意図をもつ」「深い呼吸を身につける」「感謝心を養う」という三つのことについてお話ししてきました。これらは偽我に翻弄されない生き方、真我とつながって生きていくためには不可欠な要素です。

しかしこの三つを実行しても、真我の応援が得られない場合があります。それは、心が曇っており、浄化が必要なケースです。この場合、まずは心の内側にあるわだかまりやトラウマを解放することが大切になります。

私も浄化を始める前は、いつも心が重く淀んでおり、旅行に出かけてもちっとも楽しくありませんでした。どんなに花畑が咲き誇っていても、美しいと感じることができませんでした。それは、自分の内側でひっかかっているものが解放されず、心が曇っていたからです。

私は幼少の頃から体調が優れず、小さな砂利のような感情が山のように積み重なっていました。母親に対してもわだかまりをもっており、「なにを願っても叶えてはもらえない」と思い込んで無関心を決めていたのです。

ですから三十歳を過ぎて、初めて内観をしたときも、母親のことをなかなか思い出せず、愕然としました。母親に対して心のシャッターを下ろしたまま生きてきたために、母がどう感じていたのかなど、考えることもなかったのです。

そこで粘り強く内観を続けるうちに、次第に母との思い出が蘇ってきました。同時に、子どもからも、夫からも関心を向けられず、苦しみながら生きてきた母の姿が鮮明に浮かび上がってきたのです。

そこで母を傷つけてきたことを反省し、感謝の念を送ったところ、関係が修復され、その後はとても協力的な存在になってくれました。

このように過去にとらわれ、心が曇ったままだと、真我からのメッセージを受け取ることがむずかしくなります。

その場合はまず「内観」や「止観法」「対人関係調和法」などをしっかり行ない、心の内側にあるわだかまりやトラウマを解放させてください。

三章

感謝を深めることで
真我とのつながりが深まる

▼感謝の気持ちは、もともとすべての人が持っている

二章でお話しました真我とつながるために必要なことの中にあった「感謝」についてここで取り上げ、詳しくお話していきたく思います。

最近、「感謝」という言葉はテレビＣＭの広告などにも使われることが増えており、歌の歌詞でも「ありがとう」という言葉は頻繁に登場するようになりました。

とはいえ、本当の意味での感謝とは何かを考えたとき、頭では分かっていても実感として掴めていない方も多いのではないでしょうか。感謝の本質を掴めていない方のために、この章では「感謝とは何か」を説明させていただき、自分の中から感謝の気持ちを引き起こして人生を好転させる方法をお伝えいたします。

感謝とは、ありがたいと思う心です。「ありがたい」は漢字で「有り難い」と書き、感謝の語源は「有り得ない」という意味になります。今までは当たり前と思っていたことでもすべて「有り得ない」という意味から、「ありがたい」という言葉が生まれました。

今、私たちがこの場所で無事に生きていることや、いろいろな恩恵を受けて生きていること、すべてが「有り得ない」ことであり、奇跡なのです。

感謝は、私たちの心の最も奥深くにある「真我」のエネルギーとして存在しています。真我のエネルギーの代表的なものが感謝や愛、喜び、安らぎといったプラスのエネルギーであり、私たちがそのようなエネルギーに満たされているときが真我のサポートを受けている状態なのです。

私のセミナーに参加される方の中には、「自分の真我と出会ってみたい」という方が多くいらっしゃいます。「私は真我と出会えるのでしょうか」といったご質問もよくいただきます。その時に私は次のようにお答えしています。

「真我（聖なる存在）は、ある日突然『これが真我です』と目の前に現れるものではありません。皆さんの中にふと感謝がこみ上げてきたとき、嬉しい、幸せだと思い、喜びに溢れて満たされた気分になっているときが真我のエネルギーを受けているときであり、そのときに真我と出会っているのです」

真我とつながっている時間が増えれば、幸せでいることができるのです。つまり、感謝や愛、喜びに満たされた幸せな時間を意識的に増やしていくことで、私たちの心は常にハッピーな状態を保つことができるのです。

真我とつながっている瞬間を最も分かりやすく実感できるのが、「感謝」の気持ちを持っているときです。喜びや安らぎ、愛などの気持ちは、根底に感謝があってこそ生まれる感情であり、感謝の気持ちは誰でもがはっきりと体験できる感情であるからです。また、本当の感謝の気持ちとは、自分の内側から感動としてこみ上げてくる感情でもあります。

何かの賞を受賞した人が「私を支えてくださった多くの方々に本当に感謝します」と涙を流しながら語りかける場面がありますが、私たちが感極まるときは、感謝の気持ちが頂点に達したときなのです。

そして、感謝の気持ちが極まったときには自然と、何らかの形で人にお返ししなければいられなくなるものです。

「感謝しています」と言っていながら周りの人に何かお返しをしたいと思う気持ちが生まれない人は、頭だけの感謝であって本当の感謝ではないのです。

深い感謝があるときには、私たちの内側から行動するエネルギーが湧いてきます。それは真我からの前向きのエネルギーなのです。感謝の気持ちを深く感じた人には行動が伴うため、本当に深い感謝があるかどうか自分でも分かるのです。

感謝の気持ちは、もともとすべての人が持っているものであり、感謝の気持ちを一度も体験したことがない人は、いないでしょう。ですから真我とつながりたい方は、まずは自分の中にある感謝の気持ちを引き出すことから始めることをおすすめします。

真我は、どんな人の心の中にも存在するものであり、真我のエネルギーは感謝によって引き出されるのです。その感謝を引き出すには何らかのアプローチが必要になります。感謝の気持ちは突然降って来るものではありません。

▼人生で成功する人は、真我に応援されている人

私たちに内在している「真我」とは、愛、喜び、感謝などのエネルギーに満ちた存在です。あの世からこの世に生まれてきた瞬間は、私たちは真我とつながっています。生まれ

て間もない赤ちゃんは、ただニコニコしています。まだ怒りも悲しみも何もない状態です。

しかし時間が経つにつれて赤ちゃんは、大人たちの気持ちに反応していき、その時々に生まれるマイナス感情が無意識に溜まっていき、心が曇っていくのです。

お父さんやお母さんがマイナス思考だったり、マイナス的な考えを多く持っていたりした場合、赤ちゃんの中には、マイナスのエネルギーがインプットされ、悲しみや苦しみの気持ちが生まれていきます。

思ったり感じたりしたこと、お父さんやお母さんの教育や考え方、おじいさんやおばあさんの考え方、その家の家風、条件付けや我慢などは、マイナスのエネルギーとして無意識の中に蓄積されていくのです。

日本ならではの条件付けの影響も多々あります。その一つが、我慢することで周りが収まるというような条件づけです

また、学校の先生がマイナス思考が強かったりした場合、私たちの良いところを認めるより欠点ばかりを指摘されるために、私たちは「自分はダメな人間だ」と思うようになってしまいます。

私たちの無意識に記録された恐れや不安、否定的な感情やその他さまざまな条件づけが、心の曇りを作ります。私たちの人生は誰でも無意識に支配されているため、無意識に手をつけない限り、自分の夢に向かって努力しているにも関わらず、チャンスが目の前に来ても、そのチャンスを活かすことができないのです。

そして今一歩というときに何らかの妨害に遭い、ダメになってしまうことが多々あります。

オリンピックでメダルを取る人、発明家や芸術家、事業の成功者など、一流になるために同じくらいの努力をしている人はたくさんいると思いますが、その中で優勝したり成功する人としない人の分かれ目は、運が良いか悪いかで決まります。

その運が良いときの決め手になるのが、真我の応援を受けられるかどうかなのです。

オリンピック選手も出場するまでは相当な練習を重ね、努力します。しかし最後の金メダルを取れるか銀メダルなのかといった違いは、真我の応援が多く得られるかどうかが決め手となるようです。

無意識に曇り（マイナス的なエネルギーの蓄え）が多いほど、大事なときに真我の応援を得られません。

無意識の曇り（チャージ）が少ない人は、真我がその人をしっかりサポートしていますから、大事なときに真我の応援を得られるのです。

個人が本来持つ能力には大差がないにもかかわらず、いざというときにものすごい力を出せる人は、真我に強く守られている人です。

真我は守護霊とも言われ、宇宙意識と直結しています。真我は「大いなる自己」と言われるように、無限の叡智と能力を持っています。

真我の応援を得られれば、今まで不可能と思われていたことも可能となるのです。ですから、どれだけ真我に応援されるかで、人生は大きく変わっていくのです。

貧しい家庭に生まれて大した教育を受けなくとも大成功する人はたくさんいます。そういう人たちは間違いなく、真我の応援を受けています。

金メダルを取る人、人類に貢献するような発明をする人、また、芸術家で大成し多くの人を感動させるような作品を作る人たちは、真我からのインスピレーションを受けて成功しているのです。

▼心を浄化するには、無意識にあるマイナス感情を認め解放する

真我（聖なる存在）は、もともと私たちの内側に存在していますが、その存在に気がつかなければ活用もできず、強力な応援も得られないでしょう。

真我の応援を得るためには、まずその存在を知り、次に無意識の中に溜めてしまった心の曇り、つまり、生まれてから今日まで思ったり感じたり行動したりしたマイナスのエネルギーを一つずつ晴らしていく（心を解放していく）ことです。すると真我と導通しやすくなり、真我の応援を常に受けられる状態になっていきます。

無意識にある曇りを晴らす（解放する）には、私たちの無意識にあるマイナス的な感情を客観的に見る必要があります。そして見たものをありのままに受け入れることで、自己の解放が始まります。

無意識に記録されているのはほとんどがマイナス的な感情であり、私たちが見たくない自分の内側にある醜い面です。無意識を意識できたときには、その分野についてのコント

ロールから解放されていきます。

自分の内側にある醜い部分を認め受け入れると、そのマイナスのエネルギーは無意識から表面意識に上がっていきます。つまり自分が認めたことに関しては、無意識でなく顕在意識に上がるので、無意識の支配から解放されるのです。


この事実を知るまでは私自身も悩んでいました。「私は自分の願いが叶うよう毎日瞑想をし、その願いが叶ったビジョンも描いているのになぜ一つも叶わず、いろいろなことが思うようにいかないのだろう」と。

私たちは、一見、自分の意志でこの人生を生きているつもりでいますが、意志の力で行なえることは微々たるものでしかないのです。

もし本当に思ったとおりに全てができるのであれば、悪習慣も簡単にやめることができるはずです。食べ過ぎやお酒の飲みすぎ、夜更かし、さらに賭け事に夢中になったり、自分を忙しく追い込んでゆっくり自分を見つめる時間を作らないなど、分かっていてもやめられない悪習慣は誰にでもあるものです。

私は以前、人工透析の一歩手前になるまで体を壊したにも関わらず、甘いものや肉をやめられませんでした。そんな状態なのに好物はハンバーグ、かつ丼、ステーキであり、さらにお汁粉に羊羹を入れて食べるくらいの甘党でした。

頭ではそれが体に悪いことは十分に承知していました。それでもやめられません。それが無意識のコントロールなのです。


誰でも無意識にあるマイナスの感情や考え、思いを見ることなくそのままにしておくと、自らを破壊の方向へ導くことになります。自分で無意識の中に何があるのかを見て感情の解放をすることで、人生は私たちの望む方向へと導かれていくのです。

事件を起こした犯罪者が警察に捕まったときのコメントには「むしゃくしゃしたから」「親が憎かったから」などが多いようですが、これは無意識に怒りやイライラが溜まって無意識のマイナスのエネルギーに完全にコントロールされてしまった状態なのです。

そして多くの犯罪者が冷静になった時に、犯罪を起こしたときのことを振り返り、「なぜ、あんなことをしたのか分からない」、「ただ無我夢中でしてしまった」などとコメントをしています。これが無意識にコントロールされている姿なのです。

私たちは「無意識に」コントロールされた操り人形のようなものです。戦争やテロの問題も、当事者自身も認識していない無意識のコントロール下による行動が引き起こしているのです。

なぜ、そういうことをするのかというと、犯罪を起こす人は、幼い頃から親の憎しみや怒りの感情を受けながら育ち、親から否定的な考え方をたくさん刷り込まれています。その結果、大人になると「自分の敵はやっつけなければ自分は幸せになれない」

または「受けた憎しみの復讐は必ずする」と長年思っていた結果から犯罪を起こすことになるのです。

そのような考え方を根幹から変えるのは簡単なことではありません。戦争をなくすには、外側から啓蒙するのではなく、一人一人の人が幸せになるしか方法はないのです。

私たち一人一人が幸せになって心に平安が訪れると、その家族も幸せになれます。そうなると地域が幸せになり国が幸せになります。幸せな国が増えると世界が幸せになります。

外側の法律や規制で縛って犯罪や戦争を完全になくそうとしても限界があります。世界を平和にするために今、私たちができることは、自分自身が幸せになることなのです。

自分を幸せにできない人は、人を幸せにはできません。また、人の幸せのために役立つこともできません。自分が幸せになり、人の役に立てる人間になるためには、自分の無意識の中に何があるのかを徹底的に見ていくことが大事なのです。

無意識の中にあるマイナス的な感情や考え方がその人の人生をコントロールし、世界の状況を作り出しています。「政治が悪い」「社会が悪い」と政治家を批判する人もいますが、政治家を選ぶのも国民一人一人の意志です。

どの政治家が良いのか、国民全員が真剣に選んでいたら、世界の状況は今とは違うようになっているでしょう。

世の中の悪いことを人のせいにしても何も変わりません。すべての原因は自分の中にある、と捉える人が増えなければ、いつまで経っても世の中は変わらないでしょう。一人ひとりの無意識がこの世のすべての状況を作り出しているからなのです。

▼感謝の気持ちを引き出すために必要なのは「自分を知る」ということ

無意識を解放し、浄化するためには、生まれてから今日まで関わった人との関係を見ていきます。それを行なうことで「私に、こんな面があったのか」と驚くことでしょう。

誰でも自分がどんな人間かを知ることはなかなかできませんが、他人のことは客観的に見ることができます。「あの人はここがおかしい、ここが変だ」と見ている人ほど、自分のことは見えていません。そのくらい「自分を知る」ということは難しいことなのです。

自分を知るためには、他人を通して自分を見ていく必要があります。「立ち向かう人の心は我が心を映す鏡なり」という言葉がありますが、自分を知りたければ関わってきた人間関係を見ることです。

それによって、そのときどきの自分の心を相手が映し出してくれていることが分かります。相手はまさしく自分を映し出す鏡なのです。

他人に対してイライラする、心がざわつくと思ったときは、自分の中にも同じようなものがある証拠です。また、憧れの人がいて「この人のここが良いな」と思ったときも、自分にも同じ部分があるということなのです。自分の心にないものには、人は同調しません。

今まで関わってきた様々な人々がいろいろな自分を映し出してくれています。瞑想の中で年代を〇歳～六歳と七歳～十二歳と区切り、お父さんに対して、お母さんに対して、兄弟に対して、配偶者に対して、子どもに対して…といった形で一人ひとりの方と自分との関係を見ていきます。そのように見ていくと「自分はこんなはずではなかった」という自分がたくさん見えてきます。

私も初めて内観を行なったときは驚きました。客観的に自分を見ていく作業をしていくことで、「よく今まで自分は無事に生かしていただいてきたな」と思うくらいに自分の醜い部分を見せられました。

それは第三者の目であり、神仏の目であり、他人が見ている自分だったのです。そして、自分が見ている自分と、他人が見ている自分が違うという事実にも気づきました。

人生で最も恐ろしいことは、「自分を知らない」ということです。多くの人がとんでもなく醜い自分を隠しながら、自分はまともな人間だと思って生活しているようです。しかし、普段周りにいる他人は何も言いませんが、他人は客観視しているので意外と自分の気づいてない弱点や欠点に気づいているものです。

大人になると我慢したり「角が立つから仕方がない」と思ったりして、気づいていても他人のマイナス点は指摘しなくなります。

自分を見ていけば見ていくほど自分の罪深さや至らなさが分かり、いかに他人を傷つけてきたかということも分かります。実は、そういうことが分かれば分かるほど感謝の気持ちは深まっていくのです。

▼懺悔と感謝は車の両輪。懺悔が深くなるほど感謝も深くなる

「自分は偉い」「自分はすごいことをしてきた」「自分は大した人間だ」と思っている人ほど感謝が不足していることは事実です。それは、他人が何かしてくれても、自分ほどの人間はそれくらいしてもらって当たり前だと思ってしまうからです。

周りの人が尽くしてくれて当然と思っているため、感謝の気持ちが出ることはないでしょう。

威張っている人、ふんぞり返っているような人は感謝が生まれないような物の捉え方や感じ方が身についてしまっています。逆にそういう人は少しでも思うようにいかなければ

文句が出てきます。

また、不満の多い人は、感謝が足りないため心がいつも満たされていません。

内観を通じて自分の至らない点が分かれば分かるほど、こんな自分にこれまで多くの人が愛情をかけてくださった、いろんなことをしてくださったということがひしひしと伝わってきます。

懺悔と感謝は車の両輪のようになっています。懺悔が深くなればなるほど、感謝も深くなります。

ですから、「自分はすごい人だ」と思っている人には、感謝は生まれないのです。私たちは自分の本質、自分の現実を知っていけばいくほど感謝は深まっていくようになっているのです。

「こんな自分にいろんな人が文句も言わず手を差し伸べてくださった」と思うと、本当にありがたいという気持ちが湧いてきます。また、いろいろな方からしていただいたことに対して自分は何のお返しもできていないということにも気づきます。

すると、縁のある人に何でも良いから今できることで相手が喜ぶこと、相手の役に立つことをさせていただこうという気持ちが生まれてきます。

そのような気持ちが出てくると私たちは前向きになり、エネルギーがあふれ出てきます。そのとき、私たちは意欲的になり、真我からの応援も得られ、今までとは全く違う自分になっていることに気づくでしょう。

私は幼少期から体調が悪く、腎臓や肝臓、腸などを患っており、アトピー性皮膚炎にも悩まされていました。病気のデパートのような状態でした。そのため無意識の中はマイナスの思いでいっぱいでした。

心に曇りがたくさん詰まっていたために、真我とつながることができず、真我からのインスピレーションも受けられませんでした。当時の私は感謝もなければ喜びも、安らぎもない、そんな状態でただつらい日々を過ごしていました。

若くて未来に向かって前進しているはずの時期がそんな状態でしたので、何をしても意欲がなく、楽しくなく、ただなんとなく生きていました。それが過去の私です。

「なんとかしなければ」との思いでヨガを始め、食事療法も取り入れ、高橋信次先生と出会って心の浄化の大切さを教えていただき、心の浄化のための瞑想を徹底的に行なうようになりました。

その第一段階が内観です。内観を徹底的にさせていただいたときに分かったのが、自分が苦しいとき、悩んでいるとき、体が悪いときは、自分のことしか考えられないということです。

私も苦しんでいるときは、自分のことしか頭にありませんでした。いつも具合が悪かったので、「どうすれば病気が治るのか、このつらい状況から抜け出せるか」ということばかりを考えていました。

私たちが自分のことしか考えられないときには、知らずに周りの人々を傷つけているものです。実際、当時の私は親に心ないことを言ったり、妹を傷つけるようなことを言っていました。

それを内観によって嫌というほど気づかされました。「よくこんな自分が今まで生かしてもらえた」と、そのとき思ったのです。

すると突然、感謝の気持ちがわき起こり、「もうこんなことをしていられない、何とかして今まで人々から受けた愛や恩に対して少しでもお返ししたい」という気持ちが芽生えてきました。

そこから徹底的に内観をさせていただき、いろいろな方との関係を見続けていったとき、感謝の泉にぶつかりました。

内観を行なうには、量を積み重ねることも大切です。自分の無意識を解放していけばいくほど、真我と通じやすくなります。

▼突然、感謝の泉にぶつかり、感謝の連鎖で涙で止まらない状態から真我と出会った私

私が感謝の泉にぶつかった瞬間は、突然訪れました。私は二十代後半の頃からピアノ演奏の仕事をしていたのですが、ちょうど三十代に入った頃、何度か内観をした後のことです。

ピアノの演奏の仕事をしていた二月の帰り道、寒い中、交差点の赤信号を待っていました。そのとき突然、感謝のエネルギーが内側から湧き起こってきたのです。

そのとき、私はムートンのコートを着ていたのですが、ムートンのコートを着ている自分の姿に感謝の気持ちが湧いてきたのです。

「こんな寒いときにこのコートを着られる状況って、なんてありがたいのだろう」と思って涙が出てきました。

次に、羊に感謝しました。このコートを提供してくれたのは羊のおかげだと思い、羊に対して「本当にありがとうございます」と心の中でお礼を言っていました。

今度はコートを作った人に対する感謝の気持ちが出てきます。すべての感謝が連鎖していきました。

そして今度は毎日仕事をさせていただいて、お給料をくださる社長さんに対する感謝の気持ちが出てきました。さらに寒いのに帰る家があることにも感謝していました。

青信号になったとき、「私には歩ける足がある。ありがたいな」と思ってまた感謝です。そして物を持てる手がある。目も見える。なんてありがたいんだろう、と次から次へと感謝の連鎖が始まって、涙が止まらない状態が半月ほどありました。

私はこのようにして真我と出会うことができました。

真我には、感謝のエネルギーが内在しています。私たちがどんなことにも感謝できれば、これ以上の幸せはないでしょう。私と同じような体験を真我実現セミナーを受講されたたくさんの方が体験されています。

私たちにとって最高の幸せとは感謝の極みでもあります。幸せは、条件で決まるものではありません。どれだけ大豪邸を与えられても、不満だらけの人生を送る人もいます。

お金がいくらあっても不満を持ちながら毎日暮らしていれば、幸せにはなれないでしょう。どんなに貧しくても、月を見ても太陽を見ても感謝で涙が溢れるようであれば、その人は幸せなのです。

▼無意識の中にある曇りを晴らせば、本来の美しい景色が見える

幸せになろうと思えば、誰でもなることができるのです。幸せになるためには自分にないものを見るのではなく、自分がすでに持っているものや与えられているものに対して気づき、感謝をしていくことなのです。

たとえば大きな窓ガラスを想像してください。窓の外には美しい景色があります。山があり、花が咲く美しい景色があります。

しかし窓ガラスが真っ黒に曇っていたら、その景色は見えません。無意識にある心の曇りと真我の関係も同じです。

真我は、心の奥深くにあります。無意識はその外側にあります。無意識がマイナス的な感情で曇ってしまえば、窓が曇ったときと同じ状況になります。

無意識にあるマイナスの感情を解放して心の曇りを晴らさなければ、真我の本質である感謝や喜び、愛のエネルギーが心に伝わってこないのです。

窓ガラスと同じように、無意識の中にある曇りを晴らせば、本来の美しい景色が見えるようになるのです。

真我からのエネルギーを受け取って幸せになりたい方は、無意識にある、長い間溜めてしまったマイナスの感情、マイナスの行動、思い方、考え方、条件づけ、それらを一つ一つを客観的に見るようにすることです。

ただそれらの感情や思いを認め、受け入れればよいのです。そのときに自分を責めたり誰かのせいにしないことです。

子どもでもできることですが、それを行なうには勇気がいります。多くの人が自分の見たくない部分を認めるにあたって、つまずきます。

「こんなはずはない」「自分はこんなに酷い人のはずはない」と、一生懸命自分を正当化します。

自分を正当化している限り、心の解放はありません。自分の醜い部分は、自分の一部だと思って受け入れることです。ただ自分のどんな面も認めればよいのです。排除したり、嫌ったりしないことです。

▼自分の偽我を癒しながら育てていけば偽我に振り回されなくなる

認めたくない自分の醜い部分を私は「偽我」または「チャージのついたマインド」と呼んでいます。偽りの自分である「偽我」と真実の自分である「真我」、この二つを併せ持っているのが人間です。真我だけの人も、偽我だけの人もいません。

「偽我」の特徴は、「自分さえ良ければいい」といった思いや、他と比べたり批判する思いや考え方であり、インナーチャイルドとも呼ばれています。

他人はどうなっても良い、自分さえ良ければいいという気持ちは偽我ですが、偽我はもともと私たちの中に存在し、生きていく上で必要な存在でもあります。


生まれたときからいつも「私のことはいいですから、お先にどうぞ、先に食べてください」などと欲が何もなければ、栄養失調で死んでしまうでしょう。

そのため私たちには、偽我も生きていく上で必要な存在として持たされているのです。

しかし偽我を野放しにして好き放題にしておくと、偽我が私たちの指導権を握り、とんでもないことになってしまいます。

人によっては家庭環境が原因で、とてもわがままな人間に育ってしまうこともあります。そうなると自分でも収拾がつかないほど大変なことになってしまいます。

しかしそれは、その原因に気づければ修正もできるのです。

偽我は幼い駄々っ子のような存在であり、真我とは分別を持った包容力のある存在と捉えると分かりやすいと思います。小さい頃の自分と親との関係を思い出してみてください。

四歳か五歳の子どもが、食事の前にお菓子を食べてさらにもっとチョコレートが食べたいと泣き叫ぶことがあります。

親は「これ以上食べたら体が悪くなって大きくなれないのよ。これからご飯の時間だから、ご飯をちゃんと食べましょうね。ご飯を食べるといい子になって成長できるのよ」と言って抱きしめてあげれば子どもは泣きやむでしょう。

子どもが泣いたり叫んだり、体に悪いものを要求するということは、何かしらのフラストレーションがあるからです。

「今、悲しいことがあるの？」と聞いてあげたり、「どうしたいの？」とあやしてあげれば、そのうちに泣きやんですやすやと眠ります。

それをお母さんが子どもの訴えに一切耳を傾けず「うるさい！あっちへ行きなさい」と蹴っ飛ばしたら、その子どもは、悲しみや怒りを内側に溜め込み、フラストレーションが溜まり、ますますひどい状態になってしまいます。

そしてまた騒ぎ、そしてまた親から怒られる。そしてまた蹴っ飛ばされる。その繰り返しとなってしまいます。

私たちはこの繰り返しを、自分自身の中でやっています。「また醜い自分が出た」「こんな自分は嫌だ」「嫌いだ」といって攻撃が始まるので、いつまで経っても偽我はおとなしくなりません。

それは自分の中で偽我が主導権を握ってしまっているのです。偽我の自分に振り回されてしまうのは、自分自身を誰かに認めてもらいたいからなのです。

自分が良い状態のとき、包容力のある自分が「認められたかったんだよね」「辛かったんだよね、分かるよ」と自分で自分の偽我であるインナーチャイルドの部分を癒しながら育てていくことで、偽我に振り回されることがなくなっていきます。

そして真我の応援を多く受けられるような自分になっていくのです。

私たちは、無意識にあるものを見ることで、心を浄化できるようになるのです。また、心の浄化が進めば進むほど感謝の気持ちが湧き上がってきます。

そのときに、「感謝力」を発揮することが可能になります。

「感謝力」を発揮できるようになりますと、まず不満が消えます。感謝があるときは私たちの心は満たされているため、不満が消えて前向きな気持ちになります。

不満がなく前向きな人は、人から好感を持たれるようになります。人から嫌がられる人は、不満を持ち、マイナス思考である人が多いものです。

また、感謝力を発揮することで、人間関係がうまくいくようになります。それは感謝があればお返しをしたくなるので、人が喜ぶこと、人の役に立つことがしたいという気持ちになるからです。

そして人が嫌がることや人を攻撃することは当然言わなくなるので、人から好感を持たれるようにもなります。

次に理想、希望の実現が早まります。感謝に比例して幸せ感が増え、希望実現も早くなります。これまで数千人もの方々が私のセミナーに参加してくださり、多くの方が感謝が深まることに比例して各人の願いが次々と叶っていくことを体験しています。

さらに免疫力が上がって体の自然治癒力が高まります。末期ガンで余命半年と言われた方が奇跡的に治ったケースでは、そういう方々の多くは、ある時点で死を覚悟し、そこで自分の人生を振り返り、今までお世話になった人に感謝し、今後、今、自分のできることでお返しをしていこうという気持ちになっているようです。そうしたときに免疫力が上がり、ガンが治るということはよくあるケースです。また、感謝の気持ちを引き出すことによって、自らの幸福感が高まっていくことを多くの方が体験しています。

▼感謝の気持ちを引き出すために必要な具体的な行動

①内観

感謝の気持ちを引き出すためにまず必要なことは、まずは心の浄化です。その第一ステップとして内観を行います。

生まれてから今日まで関わった方との関係を見ながらその方からお世話になったことや、迷惑をかけたことなど、一人ひとりとの関係を見ていくことで自動的に感謝の気持ちが湧き出てきます。

②表現

二番目は、その湧いてきた感謝の気持ちを日常で表現することです。これはすごく大事なことです。

「表現する」ということは、感謝に対するお返しの一つでもあるのです。特に日本人は照れがあり、身内であればあるほど、「日頃、感謝しているからわざわざ言葉にすることもないでしょう」と思って表現しない人が多いようです。

感謝は、言葉で表現しない限り、相手には伝わりません。今から配偶者や子ども、親に具体的に感謝してみてください。

私たちが感謝を表現すると、相手の方は喜んでくださいます。相手の喜ぶ姿を見て、また自分にも感謝が戻ってくるのです。それで感謝が循環するのです。ですから機会があるたびに常に感謝の気持ちを表現することが大切なのです。

誰もが感謝の気持ちを持っているにも関わらず、伝える努力をしない人は多くいます。たとえば奥さんの作った料理を、何も言わずに黙々と食べている男性は多いとお聞きします。

今日から毎回「今日の料理、美味しいね」と言ってみてください。感謝の言葉を受ければ受けるほど奥さんはやる気になり、お料理に熱が入ります。それができていない方はとても多いようです。

③感謝の呼吸法と瞑想

三番目に私のセミナーで体験できる感謝の呼吸法を行ないます。感謝の呼吸法を繰り返し行なうことで、感謝の気持ちが相手にも伝わり、自分からも引き出されていきます。

そして「感謝の瞑想」（九章参照）を行ないます。これも一人一人の方に対して瞑想の中で感謝を伝えていくことで、自分の中から感謝の気持ちが引き出されていきます。

④金銭に置き換えて計算

次に、親をはじめ身内がしてくれたことを労働対価としての金銭に置き換えて一つひとつ計算してみます。

世の中には親に感謝できない人も多いと思います。「親なんだから自分の子どもを育てて当たり前」と思っている方が多いようですが、小さい頃に親が事故で亡くなる方や、親がいながら施設に預けられる子どももいるので、親が子どもを育てることは当たり前ではないのです。

どうしても親との関係がうまくいかず、なかなか感謝できない人は、親を赤の他人と思うとよいでしょう。赤の他人が自分にしてくれたことを金銭に置き換えて計算してみます。

たとえば幼少期の頃でしたら、育ててくださった母親の労働を日当と考え、現在の価値に置き換えて計算します。今でしたら一日約八時間の労働で日当の平均が一万円ぐらいになるかと思いますが、夜鳴きの対応やオムツ替えなどの夜勤手当も出します。

夜勤手当は少し高くなるので二万円ぐらい出さなければなりません。すると日当と夜勤手当で一日三万円ぐらい支払うことになります。

一日三万円に三十日をかけて月収を換算し、月収に十二をかけて年間の日当を換算します。さらにそこにミルク代や洋服代、家賃や学費なども加えて綿密に計算すると、私の場合は大学まで出してもらったので、両親の労働力を含めるとトータルで一億五千万円ぐらいはかかっています。

▼人生は自分の見方や感じ方次第でいくらでも変えられる

私は生い立ちの関係で、なかなか両親に感謝できない人間でした。子どもの頃、両親が毎日ほとんど家におらず、夜、寝に帰ってくるような状況であったために、接点も多くはありませんでした。

しかしこの金銭の計算をしたときに、一億五千万円ものお金を両親から受けたことが、自分自身への愛のエネルギーとして迫ってきました。

一億五千万円もの愛を与えられ続けていたことに気づきましたが、一生涯かけて返そうと思っても返せない自分に愕然としました。

すると、今までの親に対する不満がすべて消えてしまいました。そして何としても生きている間に、自分の親に恩返しがしたいと思えるようになったのです。

そのときから私は、お金で返せない分を親が喜ぶことを考えて行動し、お返しをしていこうと考えました。その結果、母を旅行に連れて行ったり、食事の招待を機会があるごとに、頻繁にしました。

また、父の日には「今まで〇〇してくださってありがとう」と感謝の気持ちを具体的に書いたメッセージカードを渡すなど、それまでしたことのないようなことをするようになりました。

すると両親がとても喜んでくれて、別人のように変わっていったのです。その成果は、母の愚痴がピタっととまり、恐かった父は別人のように優しくなったことです。


人生は自分の見方や感じ方次第でいくらでも変わることをこのとき、はっきりと体験させていただきました。

今、満たされない人生を送っている方は、自分が一方的な見方しかできていないために真実が見えないだけなのだと思います。親に対する金銭面の計算を行なうだけでも、自分の中にある感謝の気持ちはすごく引き出されるものです。

それでも自分の中から感謝を引き出せない場合は、自分の真我に祈ることです。

「感謝の気持ちが引き出せますように。感謝の気持ちで生活できますように、私をお導きください」と祈りましょう。以上が感謝を引き出すための方法です。

▼感謝の気持ちを引き出して人生が変わった人たち

ここからは、感謝の気持ちを引き出して人生が変わった方々の事例をご紹介させていただきます。

●感謝の気持を込めて祈りながら握って二週間で売上が三倍に伸びたおにぎり屋さん

最初にご紹介させていただくのは、おにぎり店を経営する四十代の女性の例です。

私の自宅の近くに、線路の高架線の下に小さなおにぎり屋さんがありました。美味しかったので、私はよくそこへおにぎりを買いに行っていたのです。

お店を切り盛りしているのは四十代後半の女性でした。その方は精神世界にも興味のある方で、私がそこへ行くといろいろと私に話しかけてきました。

その頃、私は内観道場で面接のお手伝いをしていました。その内観道場は一週間の泊りがけのセミナーで一週間朝五時から夜の九時まで毎日、「自分の内側を見る」ということを行なっていました。

あるとき、おにぎり屋さんの奥さんが私に相談してきたのです。相談内容は、「今、経済的にとても大変で家庭問題の悩みもある」とのことでした。

「よろしければ内観を受けられたらいかがですか」と私は奥様に言いましたが、奥様は「そうしたいのですが、今一週間休んだら家計が持ちません」と仰るのです。

「ましてや、内観セミナーのお金なんて出せるはずがありません」と彼女は言いました。

そう思い込んでいるのは仕方のないことです。

「でも『無理』と思っていたらあなたは一生このままで、今と何も変わりませんよ」と私はお答えしました。「あなたは本当に人生を変えたい、もっとお金を得て良い状況の中で生活したい、家族との問題も解消したい、そう思っているのですか？」とお聞きすると、彼女は「はい、私はそう願っています」と言われました。

「ではあなたがそう願うなら、内観道場へ行くお金を得られる方法をお教えします」と私はお伝えしました。

「そんな方法があるのですか？」と彼女は驚いたような顔をしていたので、私は次のように答えました。

「今日から二週間、おにぎりを作るときに感謝の気持ちをこめて、『これを食べた方が幸せになりますように』と祈りながらおにぎりを握ってください」と伝えました。

私は彼女に「今までどのようにおにぎりを握っていたのですか?」と彼女に尋ねると、「普通に握っていました」とのことでした。

「これからは感謝の気持ちをこめておにぎりを握ってください。そしてお客様がいらしたら、お客様の後姿が見えなくなるまで心をこめて『ありがとう』の気持ちを伝えてください」と私がお話ししたところ、彼女はその通りに実践しました。

すると、二週間で売上が三倍になり、仕事を一週間休んで内観セミナーに出るための費用が全額そろい、内観研修に一週間参加することができたのです。

このように感謝の気持ちは想像をはるかに超えるほどの結果を引き寄せます。少し工夫をするだけで、人生が百八十度変わるような効果を出すことが可能になるのです。

●感謝の呼吸法を患者さんのカルテに送って来院数が急に増えた整体師さん

次にご紹介する方も、真我実現セミナーを受けられた方の例です。この方は整体院を経営されている方なのですが、セミナーに来られたときは「最近、患者さんが減ってしまい、経営が大変だ」とのことで申し込まれました。

私は彼に伝えました。「患者さんを増やしたいのですね。まずは、今までのカルテを出して手元に置いてください」と。

すると彼はこう答えたのです。「昔は来てくださった方でも、今はもう来ていない患者さんがたくさんいます」と。

「では昔のカルテを全部引っ張り出して、昔来ていて今来ていない患者さんに対して、もちろん今の患者さんも含めて、感謝の呼吸法を送ってください」と私は彼に伝えました。

「感謝の呼吸法を送られたら、きっと患者さんが再来院されるようになりますよ」と伝えたところ、彼はさっそく「感謝の呼吸法」を始めました。

すると早速来院の電話が増えて、今までご無沙汰になっていた方も頻繁に来られるようになったとご報告いただきました。

●内観と感謝の呼吸法で、外国人のご主人の愛を取り戻した女性

次の方はスイス在住の方です。

以前、私は真我実現セミナーを受講されたスイス在住の方から、内観を、スイスで暮らしている日本人の主婦たちに伝えて欲しいとのことで、スイスに呼ばれたことがありました。

そして、スイスで内観セミナーを行なった際に参加された三十代の主婦の方なのですが、その方は当時、悩みの渦中にいました。

彼女は日本で相思相愛の大恋愛の末、スイスの方と結婚されました。ご両親の反対を押し切って結婚し、スイスに移り住んで一人のお嬢さんにも恵まれました。

お嬢さんは当時、小学六年生になっていましたが、その頃からご主人に愛人ができてしまったのです。その事実を知った彼女はショックでご主人を恨み始めました。毎日毎日苦しくてご主人を恨み、悔しくてどうしようもなかったそうです。

ご主人への恨みをなくす方法を探っていたところ、スイスでの内観セミナーへ主宰者の方のご紹介で参加をされました。

彼女はまず内観を行ないました。彼女はご主人のことを恨んでいるため、最初はご主人に対して内観ができませんでした。

そういう場合はご主人のことは後回しにして、まずは抵抗の少なかったお父さんやお母さんから内観を始めていただきます。


今まで多くの方の症例を見てきて言えることですが、配偶者や子どもに関する問題は、ほとんどが父親や母親との関係の中に原因があります。

その方はまず、お母さんとの関係から始めていただきました。

お母さんとの関係を○歳から今日までを辿り、お世話になったこと、お返ししたこと、迷惑をかけたことを調べていくと、お父さんとお母さんがよく喧嘩していた、という場面が何回も思い出されてきました。

そのときに彼女が、「その原因はなんだろう?」と考えたとき、いつもお母さんの余計なひと言だと気づいたそうです。

その瞬間、彼女は、自分のご主人が浮気をした原因が分かったのです。それまでの彼女は、自分は良妻賢母で非の打ち所がなく、ご主人に尽くしている女性だと思っていました。料理も上手で子どもの面倒もよく見るので、「なぜ愛人を作られなければいけないのだ」とご主人を恨んでいました。

内観をしたことで、彼女はご主人の浮気の原因が見えたのです。自分の主人がいつも文句を言ったり怒ったりするときは、彼女が余計なことを言ったときだったのでした。自分はお母さんと同じことをしているということに気づいたのです。そこからいろいろなことが見えてきて、自分のご主人に対する至らない点も見えてきたそうです。ご主人が浮気をするのにも理由があったということが分かったようです。

結果、まずは第一段階としてご主人の浮気を受け入れられるようになりました。それからお父さんやお母さんに感謝の呼吸をしたのですが、そのうちご主人にも感謝の呼吸を送ったのです。愛人を作った以外はとても優しくて良い方だそうです。きちんとお給料を入れてくれるところなどに感謝ができはじめたそうです。

毎日、内観と呼吸法、そして瞑想を続けていくうちに、彼女のご主人に対する恨みが、深い感謝へと変わっていきました。そうするとついにご主人の愛人にまで感謝ができるようになったそうです。

自分に足りなかったところをその愛人が埋めてくれたと思えるようになったのです。ご主人は娘の父親でもありますから、父親がおかしくなれば困ってしまいます。

そんな最中にご主人のお父さん、彼女にとっての義理のお父さんが亡くなられました。そのときに彼女は、ご主人に感謝もしているが離婚もやむをえないと受け入れていました。しかし不安だったのです。

それは、ご主人から送られてくるお金だけでは娘の高等教育もできず、彼女自身稼げるようなお仕事もしてなかったからです。

ご主人のお父さんは客観的に息子とお嫁さんのことを見ているので、お嫁さんがいかにご主人に尽くしていたのかも知っており、義理のお父さんやお母さんにも尽くしているのを知っていました。

義理のお父さんは亡くなられる前の遺言の中に、家の名義をすべて奥さんの名前にしていたのです。普通、一人息子であればすべてご主人の名前になると思っていたのですが、お嫁さんの名前になっていたのです。

ご本人も全然、そんな期待もしていないのでその事実を知ったときには驚いたとのことです。

彼女が愛人にも感謝ができるようになるにつれて、ご主人が家に頻繁に戻ってくるようになったのです。前は週に一回、娘に会いに来ていたのが、週に二回、三回と戻るようになり、一年後には愛人と別れ、ついに完全に別れたのです。

今では家族三人で旅行までするようになり、とても良い関係になったそうです。

ご主人を恨んで何も解消できず苦しんでいた頃からすると、考えられないような奇跡が次から次へと起こり始め、今、彼女は大変幸せな状態です。

お嬢さんにも次々と奇跡が起きたそうです。ピアニストを目指しているお嬢さんは素晴らしい中学校に入ることができました。高校受験を目指している時点で「スタンウェイのピアノが欲しい」というのがお嬢さんの夢だったそうです。

高価なピアノを購入できるほどの家計の余裕はありませんでしたが、奇跡が起こり、義理のお母さんやご主人のお客様が少しずつお金を出してくれて、一千万ほどするスタンウェイのピアノを購入できたそうです。

そのようにありえないことが次から次へと起こっているという事例はたくさんあります。人生を好転させるには、まずは感謝の気持ちを深めることが大切です。感謝の気持ちを深めることが、豊かで納得のできる人生を過ごすための秘訣でもあるのです。

私の尊敬するインドのアンマ・バガヴァンからの感謝の日のメッセージをここに載せさせていただきます。

感謝の日のメッセージ

「感謝」とは、すべての感情の本源です。これは、人間の意識の中に存在する感情の中で一番崇高な表現です。宇宙は本来、感謝心に満ちた人に対し、願いを叶え、要求を満たすようにできています。ビジョンを持ち、そのビジョンを実現させることができるのは、感謝の心を持つ人です。感謝心のある人の脳と神経系統の配線状態はそのようになっているのです。そういった人は人間関係において愛を発見し、またより高い意識との大きなつながりに気づきます。

――アンマ・バカヴァン――

《二〇一〇年　感謝の日のメッセージ》

その人が偉大かどうかは、その人に感謝の気持ちがあるかどうかで見分けることができるでしょう。悲しいことに、これが欠けている人が多いのです。感謝をしないと成長が滞ります。よく考えてみれば、どんな生き物であっても、それが受け取るものはすべて、この地球から来ているということが分かるでしょう。生まれたばかりの赤ん坊は、滋養を与えてくれる母に感謝をすべきです。それから保護を与えてくれる父に感謝をすべきなのです。学校に通うようになると、知恵や知識を授けてくれる教師に感謝をすべきです。そして、その知識が先人の経験によって培われたものであることにも感謝をすべきでしょう。植物、動物、森羅万象への感謝も忘れるべきではありません。

こうした恵みの存在に気づき、それに心から感謝をするならば、この世界は惜しみないものであるということと、暮らしの一瞬一瞬が神の恵みによって導かれているということが分かるようになるでしょう。従って、人の気持ちの表現の中でも感謝が最高のものになるのです。それが、その人の意識の進化を示すものであるからです。

——アンマ・バカヴァン——

四章

真我の応援が得られれば、次々と願いが叶う

▼今の環境や仕事・現実は自分の信念が作り出している

皆さんのなかには、「夢や希望がなかなか実現しない」と思い悩んでいる方がいらっしゃるかもしれません。実は、理想や希望を実現するためには、ひとつの法則があります。これは宇宙の法則であり、心の法則でもあります。この法則は特別な人だけに当てはまるものではなく、きちんと実践していけば、誰でも実現することが可能なものです。ただし、真我とつながり、理想・希望を実現するためには、前提条件があります。それは、「自分は必ず成功できる」という信念をもつことです。この信念をもたずに呼吸法や瞑想を行なっても、なかなか自分の願いを叶えることができません。

少し長くなりますが、私の実体験をお話しましょう。私は二十代の頃まで身体の具合が悪く、夢や希望を抱いても、なにひとつ叶うことがありませんでした。そんなときに出会ったのが、マーフィーの『眠りながら成功する』という本です。この本は世界中で数百万部のベストセラーになりましたので、読んだことがある方も多いと思います。

マーフィーはこの著書のなかで、目標を明確にし、それが実現した姿をイメージすればどんな夢でも叶うと述べています。

具体的には、自分が叶えたい夢をすべて紙に書き出し、枕の下に入れて眠りにつけば、いつの間にかその夢が実現している、というものです。

そこで私は、実際に六十項目くらいの夢を紙に書き、それを枕の下に入れて毎日ベッドに入りました。

その当時はすでにヨーガも行なっていましたので、朝一時間、夜一時間、レッスンの時間をとり、ストレッチや呼吸法、瞑想、お祈りも行ないました。お祈りの際にはプラス思考で「こうなりたい、ああなったらいい」とイメージします。

マーフィーの成功法則のほかに、ヨーガも実践しているのですから、きっと夢が実現するだろうと期待していました。

ところが一年経っても、夢はなにひとつ実現しませんでした。そのときは、「私はまだ集中力がないし、ほかの人よりも時間がかかるのかもしれない」と思い、二年目を迎えました。

そして三年、四年が経ち、気づけば八年の月日が流れていました。結局、八年経っても、夢はひとつも叶わなかったのです。

さすがに粘り強い私もがっかりしてしまい、自分にはよほど精神世界を理解する素質がないのだな、と思いました。というのも、マーフィーの本に書かれていることが、嘘だとは思えなかったのです。

書いてある内容はすべて納得のいくものでしたし、世界的ベストセラーになった本が偽物だとはとうてい思えません。ということは、原因は私自身にあることになります。

そこで私は、この方法で願いが叶うタイプの人と、叶わないタイプの人がいると考え、その差はなにかを追究することにしました。

そんなとき、故高橋信次先生との出会いがあったのです。先生の著作を読み、この方に尋ねれば原因が分かるのではないか、と期待しました。

そこで、高橋先生のお弟子さんに個人カウンセリングを申し込みました。当時、高橋先生の主催する団体には五十万人の会員さんがいらっしゃいましたので、先生ご自身がカウンセリングを行なうことはほとんどありません。

しかし、これは私のデバイン（真我）の導きだと思うのですが、当日、待合室で順番を待っていると、正面玄関から高橋先生が入っていらっしゃいました。

そして、「今夜の講演がキャンセルになったので、次のカウンセリングは私が行ないます」とおっしゃったのです。そして急遽、私は高橋先生から直接カウンセリングを受ける幸運にめぐまれました。

高橋先生とお会いしてまず驚いたのは、先生が私の心を誰よりもよく知っていたことです。「あなたは中学校のときに、こういう先生にこんな内容の手紙を書きましたね」と、私しか知らないことをずばりと言い当てられ、本当にびっくりしました。

なぜそんなことが分かるのか尋ねると、「あなたのアカシックレコードを巻き戻して、無意識にあるものを読んだだけですよ」と言われて、そんなことがあるのか、という驚きの念にとらえられました。

そして、「あなたがなにを願ってもかなわないのは、心が曇っているからです。心の曇りが晴れれば、あなたの望みが全部叶う世界に入れます」とお話してくださいました。

そのときに初めて、心の曇りが晴れるというとはどういうことかを、学んだのです。人間は、生まれてから現在まで、思ったことや感じ続けたものが無意識にぜんぶ蓄えられています。

そして現実で体験することは、それまでの人生で最も多く思い続けたことが現実となっているのです。言いかえれば、その人の信念が、現実を作り出しているということになります。

▼表面意識と無意識は一対二百万倍の差、表面意識で祈っても叶わない

そこで私は、高橋先生の教えに従い、生まれてから今日まで関わってきた親しい人たち、両親や祖父母、兄弟、友人などさまざまな人に対して思ったことや感じたこと、そして言行などを見つめなおすことにしました。

そこで分かったのは、私の無意識にあった信念は「できない、無理だ」だったのです。

私は二十代からヨーガを十年以上、行なってきました。ヨーガに惹かれた理由は、ヨーガを行なえば真我とつながることができるとの教えがあったからです。もともとヨーガと

は「結ぶ」という意味で、それは神（真我）と自分を結ぶという意味なのです。

私はヨーガによって真我の存在を知り、どうしても真我とつながりたいとの思いから、長い年月ヨーガを実践してきました。

しかし真我の存在があると頭では分かっていても、真我を実感することができなかったのです。

私がなぜヨーガを十年も行なっていながら真我とつながることができなかったのかは、高橋信次先生とお会いしたときに初めて分かりました。それは私の心に曇り（チャージ）がたくさんあったからなのです。

もともと心に曇りが少ない方は、ヨーガの行法によって真我とつながれている方も沢山おられます。


つまり、私の場合は八年間、無意識のなかで「できない」と思い続けてきたために、「夢が叶わない」という現実が実現してしまっていたのです。

ですから私の場合は、どんなにヨーガを行なっても表面意識でお祈りをしても、それが叶うことはなかったのです。それは、表面意識と無意識は、一対二百万倍ほども力の差があるからなのです。

それほどまでに、無意識の力は大きいので、表面意識で対抗しようとしても、とても太刀打ちできるものではありません。

希望や理想を実現するためには、まず無意識にあるものを知って、マイナスの信念を書き換えることから始めなければならないのです。

▼仏の浄化を行なっていくと、真我からメッセージが届く

では、どのようにすれば、信念を書き換えることができるのでしょうか。

まずは徹底的に内観や止観を行ない、自分を見つめなおすことから始めましょう。そうすると、とても醜い自分と直面することになりますが、それを受け入れ、これまでお世話になってきた方々への感謝の念を思い起こすことが大切です。

感謝とは、「謝りを感じる」と書きます。過去の人間関係を振り返り、本当に申し訳なかったと深く懺悔したときに、感謝の気持ちは強く浮かび上がってきます。

すると同時に、あたたかい愛に包まれるような感覚を覚えます。これが、真我とつなが

るということなのです。

私も深い懺悔の気持ちを抱いたときに、初めて真我の存在を肌で感じることができました。

それまでは、ヨーガの本などにも真我のことは書いてありますし、頭では理解したつもりになっていましたが、深い懺悔に入った後に深い感謝の念を覚えたとき、心があたたかいもので満たされ、身体全体で真我の存在を体感することができました。

そしてそのとき、ちっぽけな表面意識では成しえなかったことが、真我という聖なる存在のサポートを受けることで、なんでもできるようになると実感できたのです。

それが、私にとって信念が書き換わった瞬間でした。そしてそれ以降、理想や希望が次々と叶う世界に入っていったのです。

信念が書き換わってはっきりと分かったことは、これまでも真我は私にさまざまなプレゼントをしようとしてくださっていた、ということでした。

しかし私の無意識が「私にはそんな価値はありません」と拒絶していたために、そのプレゼントを押し戻していたのです。

また様々なチャンスがありましたが、良い話がくると「失敗したらどうしよう」と思い、恐くなってほとんど断っていました。

これでは、夢が叶うはずもありません。


理想や希望が叶う人というのは、心の曇り（チャージ）が少ない人、分かりやすくいうと自分はできると信じることができている人なのです。

私の場合は、物心ついたときから病気の問屋状態で成功体験を積むことができず、親や学校の先生からマイナスの部分ばかりを指摘されてきました。これでは、自信などつくはずがありません。

一方で、世の中には理想や希望がとんとん拍子で叶っていく人たちがいます。金メダリストなど偉業を達成した方々の伝記などを読むと分かりますが、こうした人たちは子どもの頃から親や教師にいいところをほめられて育てられている人が多いようです。

子どもは素直なので、ほめられれば自信がつき、「私ってすごいんだ、なんでもできるんだ」と信じることができます。

とはいえ、こういう人たちは世の中でもほんの一握りです。多くの方は、なかなか自分に自信をもつことができず、夢を叶えるために四苦八苦しています。しかし、そういう境遇に生まれてしまったとしても、嘆く必要はありません。

まずは自信をもてない自分に気づき、心にたまったマイナス感情を解放すればいいのです。そうすれば、真我は必ずあなたを応援してくれます。

心の浄化（サムスカーラシュッディ）を行なっていくと、その過程で真我から「この夢の実現のためには、これをしたほうがいい」といったメッセージが届くのです。

あとはそれを生活のなかで実践していけば、理想や希望は次々と実現していくでしょう。

▼自分の内側にある理想・希望を書き出してみる

信念を書き換えるためにはまず、無意識にある自分の思い、考え方、物事の捉え方を見ることです。

次に、自分の内側にある理想・希望を書き出してみるのも有効な方法です。その際は、子どもに戻ったような気持ちで、素直にリスト化していってください。

大人になると、さまざまな制約を自分に課してしまい、「どうせ自分には無理だろう」とすぐに諦めてしまいがちです。

そうではなく、夢にあふれていた子ども時代を思い出し、どんなに実現不可能と感じることでも書き留めていきましょう。

何十歳若返りたいでも、体重を減らしたいでも、憧れのあの人と仲良くなりたいでも、何でもかまいません。

実際、五十代後半で太っていらした方が、呼吸法を通じてウェスト五十八センチにまで体重を落とした例もあります。

そしてこの方は、シルバー世代のファッションショーを開くというアイデアがひらめき、自治体から助成金を得て実現にこぎつけました。

ただし、漠然と理想・現実を書き出すといっても、なかなか難しいかもしれません。そこでここでは、七つの項目に分類し、ガイドラインにしてみたいと思います。

① 自己向上面での理想・希望

まず、夢を叶えるためには真我の応援がなければうまくいきません。この自己向上面での理想・希望では、真我の応援を受けるためにはどのようなことを目指せばいいかを考えます。

② 対人関係面での理想・希望

たとえば対人関係でうまくいっていない人がいたら、どの人と和解したいのかを書き出します。イエス様も、「本当に願いを叶えたかったら、祈る前にすべての者と和解しなさい」とおっしゃっています。

真我のエネルギーというのは、愛、感謝、喜び、平安ですから、人をうらむ心とは相反してしまいます。ですから対人関係面での問題を抱えている方は、これを解消することで、真我の応援が受けやすくなります。

③ 仕事面での理想・希望

現代人は、多くの方々が仕事をもって生活しています。女性であれば、主婦業を仕事ととらえてもいいでしょう。人間は、一日のうち多くの時間を幸せに過ごしていなければ、心の底から幸福を感じることはできません。

そして現代において、最も時間を費やすのが仕事であるわけです。ですから、仕事が楽しく、自分が満足いく状態でいられれば、自然と幸福が訪れます。

こういう方面で仕事がしたい、給料はこのくらいほしい、など思いつくまま書き出してください。

④ 健康面での理想・希望

①~③の理想・希望が叶うチャンスがきたとしても、病気で寝たきりだったら実現することはできません。やる気があっても身体がついていかないのでは、真我（聖なる存在）がどんなプレゼントを贈ってくださっても受け取れないわけです。

ですから視力を健全にしたい、内臓の調子を整えたい、自律神経を調和したい、血圧を正常にしたいなど、明確な目標設定を行ないましょう。

⑤ 生活やゆとり面での理想・希望

人生というのは毎日あくせく働くだけではなく、趣味の時間なども非常に大切です。ですから好きなことがあったら、その時間を作れるようにしたいものです。

成功している方々のドキュメンタリーなどを見ると、忙しい人ほど趣味の時間をしっかり確保しています。空いた時間で旅行に出かけるとか、写真撮影をするとか、スポーツに興じるとか、なんでも構いません。

晩年になってから好きな絵を始めて、一年で個展を開いた人や、趣味で始めたことで能力が認められ、その道のプロに転向した方もおります。

⑥ 地球環境を良くするために自分ができることでの理想・希望

①～⑤の理想・希望が叶ったとしても、地球が滅亡してしまったのでは意味がありません。私たちは、地球があってこそ存在しています。そのために地球の環境を良くするために、一人ひとりが考えていく必要があります。

インドの聖者バガヴァンもおっしゃっていますが、地球には意識があり、地球の心臓と私たちの心臓はつながっているそうです。

つまり、私たち一人ひとりの心が地球の天変地異を生み出しているのだそうです。私たちの心が調和されて、喜びや幸せになれば、地球にも穏やかな平安が訪れるのです。

⑦ 他人のために自分が役立てることでの理想・希望

この大自然の法則というのは、愛で成り立っています。そしてその愛というのは、他を生かすという愛でバランスを保っていきます。

動物も植物も、すべての存在は自分だけのために生きているわけではありません。動物は植物を食べ、その排泄したものが豊かな土壌を生み出し、新たな実を結ばせていきます。植物は動物に食べられることで、自分の種を保存しているわけです。

このように、すべての存在には意味があり、それぞれが役割をもって生きています。人間も同じで、人の役に立って初めて自分も幸せになることができます。

なにか自分が他者にできること、お返しをしていくことで、真我の応援をますます得ることができるようになります。

以上の七項目を参考に、どんどん理想・希望を書き出してください。五十でも百でもかまいません。そしてこれを書き出したら、呼吸法をして、真我にお祈りをします。

もちろんこれをすべていっぺんにはできませんから、まずは十項目を選んでください。理想・希望のなかには時間のかかるものと、すぐに叶うものがありますので、時間のかかるものについては短期目標を設定しましょう。

繰り返しになりますが、真我の存在を信じ、しっかりと目標設定を行なえば、誰でも信念の書き換えを行ない、すべての理想・希望を叶えることができます。

五章

嫉妬から解放される方法と憧れの人とつながる方法

▼嫉妬心を持つときは、同じような境遇の人と自分を比べているとき

人間関係に悩む人の中には、他人に対する嫉妬の気持ちを抑えられないでいる人が多くいます。自分と似たような境遇にあり、自分はそんなにラッキーでないのにラッキーな相手に対して嫉妬心を持つ人が多い傾向にあります。「なぜあの人だけはこんなに運が良くて、私はダメなのだろうか」といった形で嫉妬心が出てきます。

自分と全く似ていない人には、おそらく嫉妬はしないでしょう。たとえばダイアナ妃を「素敵だ」と思う人は多かったと思いますが、ダイアナ妃に嫉妬して一生涯羨む人はいなかったと思います。それは、ダイアナ妃は、多くの人にとって別世界の人と見えるからなのです。

しかし身近にいる同年代で、自分と同じような境遇にいながらとんとん拍子でうまくいき、自分はうまくいかないとなると、嫉妬の感情が芽生えます。

嫉妬はもちろんマイナスの感情です。嫉妬心を抱いていると、やがてその気持ちは心の

曇りになってしまいます。

もしも誰かに対して嫉妬の感情を持ってしまったときは、苦しみたくなかったら見方を切り替える必要があります。


嫉妬心を持ち、嫉妬をメラメラと燃やすだけで終わってしまう人に共通していることは、相手の結果だけを見ている場合がほとんどです。

そのような人は相手の良いところや結果だけを見て羨みますが、その人の陰の努力を見ようとはしません。日々、汗水を垂らして見えないところで大変な思いをしながら努力しているかもしれないのです。

ましてや人に感謝し、真我の応援を得られることをたくさんしているかもしれませんが、相手のそういった面を見ようとしなければいつまでも相手に対して嫉妬心を抱くだけで、自分を嘆き、心を曇らせていくことになってしまうのです。

私たちが嫉妬心を持つということは、自分にも嫉妬する相手と同じことができる可能性があることを無意識で感じているときなのです。なぜ嫉妬心が出るのか、その根本原因に気づかなければ、ずっと嫉妬の感情で終わってしまいます。

人に喜ばれることや、感謝されることをたくさん行なっている人は、間違いなく神仏の応援を得ることができます。

人のためになることを多く実践していると、自分への自信となり、気持ちも満たされていくものです。成功している人や運の良い人を観察してみると、感謝も深く、他人に多くのお返しができている人々が多いようです。

ですから、もしも嫉妬が起きた場合は、「自分もこの人みたいになれるんだ」と思い、その人をよく観察して、その人の日頃の生活や行動から学ぶようにすることです。

その人の良いところを真似て、生活の中で実践していくことで、心がマイナス感情に支配されることなく、その人の成功している姿に自分も一歩ずつ近づいていき、いつかその人のようになれる可能性が生まれていくのです。


物事はすべて原因と結果の法則に基づいています。何もしていないのに結果だけが良いということはありません。

相手がうまくいっているのには原因があります。もちろん、自分がうまくいかないことにも原因があります。嫉妬心を持ったときには冷静な気持ちで「自分はなぜ、うまくいかないだろう」と考え、相手から学ぶようにされることをおすすめします。

嫉妬心を持ったとき、悔しさや苦しみ、葛藤のネガティヴな感情を抱いても何の得にもなりません。嫉妬の感情は次のステップへ進むためのエネルギーと考え、嫉妬心が芽生えたときには嫉妬している感情をそのまま体験し、そしてそこから何かを学び取る心がけが大切なのです。

憧れの人や尊敬する人は、自分の真我の一面を見せてくれている人でもあるのです。自分が憧れる人は、実は自分の内側にある良い面を体現してくれている相手なのです。

憧れの人がいる場合は憧れで終わらせず、「自分も正しい方向で進んでいけばあの人のようになれる」とまず認めることで、憧れの人に近づくことができます。

▼相手は自分を映し出す鏡。気づくまで、何度も出会う

多くの人が自分と関わる人に対して、相手に対して漠然とこうあって欲しいという理想の人間像を持っています。優しく包容力があり、愛情深くといった「人はこうあるべき」

という理想像は、誰もが子どものときから無意識に持っている人類共通のマインドです。

私たちに葛藤が起きるときは、相手が自分の期待したような人でないときであり、相手への期待が強い人ほど強い葛藤が起きやすくなります。

批判的な人は、他人に対する期待や理想がとても高い傾向にあります。理想が高いこと自体は、悪いことではありません。いくら理想が高くても良いのですが、理想が高い人は自分に対して「自分はこういう人であるべきだ」という自分への理想も高いため、自分が思うように行動できないと自分自身を強く責めてしまう傾向にあります。

「人はこうあるべき」という高い期待を持っている人は、自分への理想も高いために、自分のあるべき姿でない自分に対して苦しんでしまいます。

理想主義者になればなるほどありのままの現実とはかけ離れてしまい、現実と理想のギャップに苦しむことになります。

他人に対して「こうあって欲しい」と理想を抱くのは、人類に共通してある「人はこうあらねばならない」というマインドの条件づけなのです。

その結果、「こうあるべき相手」が勝手に作られ、思い通りにならない相手を前にして葛藤が始まってしまいます。

真我実現セミナーの第二ステップでは、「止観法」を行ない、この方法でこれまでに関わってきた人間関係の中で特に引っかかった出来事に焦点を当てて見ていきます。

たとえば母親との関係を見ていく場合、母親との関わりの中で特に引っかかっている出来事をピックアップします。そしてそのときの引っかかっている自分の気持ちをまず列記していきます。

たとえば怒りやイライラ、悲しみの感情など、自分の中にくすぶっていた感情を全部出していきます。

次に、相手がどうであったら良かったのか、相手への理想を書き出します。

その後自分が母親に対してどうであったのかを書きます。すると不思議なことに、引っかかっている出来事が起きているときは、自分にないものを相手に求めている姿であったということが分かります。

実はそれは、自分にもできないことを全部相手に求めて葛藤している姿だったのです。苦しむ相手がいるということは、自分に欠けている物を相手に求め、相手がそれを満たしてくれないことにイラ立っているだけなのです。

その事実に気づくまで、何度も何度も葛藤を持つ相手と出会うことになります。なぜなら、相手は自分を映し出す鏡だからです。

相手に対して苦しみや葛藤の感情を持ったとき、相手が「自分にもこういう面がある」と教えてくれる人だと思えば、別に恨む必要もありません。苦しめてくれる人、自分に悩みを与えてくれる人がいるからこそ、自分の中にある醜さが浮き彫りになり、現実の自分を知ることができるのです。

▼憧れの人に近づくための具体的な方法

憧れの人の場合も、自分の真我の中にある素晴らしいものを相手が鏡となって映してくれているのです。私たちは憧れの人や、葛藤を与えてくれる人を通して自分の中にある良い面も醜い面も知ることができるのです。

そして憧れの人に近づく方法を知ることで、葛藤を持つだけで終わることがなくなるでしょう。

私たちが憧れの人に近づきたいと思ったら、憧れの人のどういうところに憧れているのかをメモするようにしましょう。

優しさ、愛情、思いやりといった憧れる要素は、自分の真我の中にもあるものです。美しいもの、素晴らしいものに対して感銘する心は、人間だけに与えられた特権です。美しい海や山、そしてお花を見て美しいと感じるときは、その美しさは自分の真我の中にもある美しさだからです。

女性の場合、「一番美しいと感じるお花は何ですか?」と聞かれたとき、その答えからその方の真我の個性が分かることがあります。

たとえば「薔薇が一番美しいと思います。薔薇の華やかでゴージャスな香りに惹かれます」と答えた人の場合、「自分は薔薇のように周りを華やかな気分にさせたい」という真我からの願いを持っているのです。

もしもその人が「自分には華やかさがない」と感じている人であっても、その人の本質にはそのような個性があり、能力もあるのですが、真我の存在に気づかず、表現したことがないだけに過ぎません。

自分の華やかな部分に気づくことで、さらに自分の魅力を引き出すことができます。薔薇を見ながら「どうすればこの華やかさを自分も出すことができるのだろうか」と考えることで、より一層魅力的な女性に近づくことができるでしょう。

自分の中で惹かれるものには必ず何かしらの意味があります。魅力を感じる要素はすべて自分の中に秘められた可能性なのです。憧れの人がいたら、その人を観察し、その人の陰の努力の部分を探してみましょう。

「なぜ、あの人は素晴らしいのだろうか。どういう努力をしているのだろうか」と考え、良い部分を自分の中に取り入れることで、憧れの人により近づけるようになります。

私はおかげさまで様々な人との交流があり、一流と呼ばれている方々とも親しくさせていただいております。実際にお会いした方の中でも「この人は素敵だな」という方がいれば、積極的にお礼状を書くなどして交流を深めさせていただいております。

その中のお一人に故・船井幸雄会長がおられます。船井会長は経営コンサルタント会社として世界で初めて株式を上場（現在東証・大証の一部上場会社）した株式会社船井総合研究所の創設者です。そして経済問題や生き方に関する著書を多数出版されておられます。生前、会長とは親しくさせていただいておりました。会長は、すべてのことに労を惜しまず、無償で無名の人を世に出したり、頼んで来た人たちの依頼を可能な限り叶えて差し上げておられました。

私も無名の頃、船井会長から船井オープンワールドに起用していただき、大変お世話になりました。会長のおかげで普通ではなかなか出会うことのできない多くの一流の方と出会わせていただきました。

また、作詞家で有名な湯川れい子様ともご縁があり、一緒にインドへ行ったときに飛行機でお隣になったり、ご自宅にも何度かお伺いさせていただいたことがあるのですが、彼女の魅力的なさまざまな面を見ることで、彼女がなぜ成功したのかが分かるようになりました。

彼女は大変お忙しいにも関わらず、人に対しての面倒見が良く、人に頼まれたことは自分にできることであれば利害に関係なく尽力をつくす方です。

常にスケジュールは埋まっているような状態の中、それでも人のためになることに関しては精力的に活動されています。

また、ボランティア活動にも加わり、さまざまなところで自分の労力や資金を注いで活動されておられます。そして彼女はどんな人に対しても素晴らしい気配りをお持ちの方です。


新体道の創設者であり、書家の大家でもあられる青木宏之先生は、以前私と一緒に創設したソフィアアカデミーの会長でもあった方です。青木先生も、才能のある人を見つけるとその人を世に出す努力を一生懸命される方です。

以前、フィリピンの貧しい家庭の子供たちが学校に行けるよう、NPO法人を作って援助をされておりました。私もこの運動の立ち上げの時から十年にわたり開催協力させていただきました。また、中国の雲南省で学校のない地域に小学校を寄付されており、多くの子供たちの援助をされておられます。

憧れの方から学びたいと望むのであれば、憧れの方や人望の厚い方と交流するチャンスを探し、交流すると良いでしょう。私たちが願っていれば、実は、雲の上に思えるような人とも交流できる機会は訪れるものです。

▼「この人と本当につながりたい」という思いを深く持ち感謝の呼吸法・瞑想を行なう

憧れの人に近づくには、瞑想や呼吸法を使い、縁を深めるために何をすれば良いかを考えます。人が人生で出会う人数は人それぞれで違いますが、どんなに知り合いが多い方でも、本当に深い交流をする人は数十名に限られていると思います。

大人になり、仕事をするようになれば、高校生のように毎日メールのやり取りをする時間はありません。一流の方であればあるほど忙しい毎日を送っていますから、縁を深めるには礼状を書くなどして相手へ印象づけることが大切です。

また、瞑想の中でその方に目の前へ座っていただき、感謝の呼吸法や感謝の瞑想を行ない、その方と楽しく話しているところをイメージします。そうすると不思議なことに、現実世界でも何かの不思議な縁でその方とつながることができます。

私のところでも、以前、スタッフとして活躍してくださっている女性がおりましたが、もともとは見ず知らずの方でした。

ある日、彼女から「原先生の本を読んで感動した」という長いお手紙をいただきました。日頃からお手紙はたくさんいただきますが、その方のお手紙はとても印象に残ったのです。

その方は、ご自身の生い立ちや原アカデミーのセミナーに対する思いを具体的にお手紙に書き綴っておられ、「ボランティアでも何でもかまいませんから私を使ってくれませんか」と書かれていました。

経歴が細かく書かれていたのでよく読んでみましたら、英語・韓国語ができて韓国の大学院へ進学し、アメリカにも滞在し、新聞やマスコミ関係、イベントの企画も経験されていて、素晴らしい才覚のある方と見受けられました。

そんな方に来ていただけるのは、ありがたいことと思いました。私に「会いたい」と言ってくださる方はたくさんいますが、何の用もないのに会いたいと言われても、マネージャーの方から私のところへ、その話は上がってこないでしょう。

しかし彼女の場合、私が会いたくなる情報を情熱的に伝えてくださったので会わせていただくことになりました。実際に会ってどんなことができるのか、まずは彼女の話を聞きました。

「ではそのうち、もし何かあればお願いします」と伝えたところ、一週間後ぐらいに仕事を頼む用事ができ、その後、彼女は弊社のスタッフとして働いてくれるようになりました。


縁とは不思議なもので、「この人と本当につながりたい」という思いを深く持っていれば、「感謝の呼吸法」や「感謝の瞑想」を行なうことで、良いご縁にめぐり合うことができます。

この方法は、結婚をしたいときや仕事の場面でも活かすことができます。

「この人」という人に出会ったら、無理だろうとあきらめないことです。ただ、いきなり電話をしてもうまくいくことはないので、名刺交換などで印象づけ、瞑想の中で感謝の呼吸法を送るなどして相手に好感を抱いていただく必要があります。

感謝の呼吸法や瞑想を行なわず、いきなり相手に近づこうとすると、向こうにとっては圧迫感があり、重たい存在になりかねません。

いきなり行動するのではなく、まずは自分の心の中でシミュレーションをして、相手とどのようにつながりたいのかをしっかり決めると、憧れの人との縁は、その人に必要であればできていくものです。

どんなに忙しい人でも皆、感じる能力を持っています。こちらが相手に対して良い印象を持っていれば、相手も会ったときに良い印象を持ちます。

私たちは本当につながりたい人とは、意識をつなげることが可能なのです。

▼真我からのインスピレーションが良縁を招く

「仕事で成功したい、上司に認められたい」と思ったときも同じです。もちろんそれなりの努力は必要ですが、自分が本当に努力して光っていれば、見る目のある上司が「この人は」と思い、起用してくれるものです。

鉄鋼王デール・カーネギーの話をご存知の方も多いと思いますが、彼はもともと炭鉱で掃除をしていた人でした。
ある日、会社のトップが来たときに、掃除をしているカーネギーを見て「この人の掃除の仕方は違う」と思い、彼を抜擢したのです。それからカーネギーはとんとん拍子に上り詰めました。

韓流スターのヨン様も、もともとは撮影の小道具担当だったそうで、自分では俳優になろうとは思っていなかったとのことです。ある日、監督が小道具を運ぶヨン様を見て「この人は特別な雰囲気を持っている」と思い、映画の俳優にスカウトしたそうです。

私たちが人から喜ばれるようなプラスのエネルギーを発していれば、多くの人から注目され、いくらでも良い縁ができるでしょう。
人生を楽しく生きていくのであれば、憧れの人や素敵な人と出会い、そのような方と縁を持てるようになりたいものだと思います。せっかく出会っても一度きりの出会いでは縁はつながりません。

その方との縁をつなげたいのであれば、自分のほうから相手に感謝し、瞑想の中でまずはその方とつながることが大切です。

つまり、感謝の呼吸法や感謝の瞑想法を使うことです。会社で働いている人であれば上司に認められ、抜擢されるためには、上司に対して感謝を深め、それを表現しながら良い仕事をしていけば上司から認められるようになるでしょう。

結婚したい相手の方がいる人は、自分がその相手とどうなりたいかをシミュレーションし、好印象を持ってもらうためにはどうすれば良いかを瞑想していると真我からのインスピレーションが得られます。

日々呼吸法と瞑想を実践し、必要なときに必要な行動を取ればうまくいくでしょう。「こういう友達が欲しい」「有名人と縁を持ちたい」といった願いを持つ場合も、いろいろなところで活用できる方法です。

まとめになりますが、憧れの人と縁を深めるには、まずメモ帳に「自分はこういう人に憧れている」ということを明確にして書き出します。具体的にどのようなところに憧れているのかも書き出し、実際にその人の観察を始めます。

「どうしてこの人はこんなに素敵なのだろう」と考えながら、学ぶことが大切です。自分が真似できることであれば真似していきましょう。


さらにその人と接点を持ち、深く観察します。接点を持つためにはその人を目の前にあるイメージした椅子の上に座っていただき、感謝の呼吸法を送ります。

もしくは感謝の瞑想を送ります。そしてその人と仲良くなっている姿を思い浮かべ、自分がどうありたいかという姿もイメージします。

それをしていくうちに、その人にとって必要な縁であれば必ずつながっていくことができます。

そのようなステップを踏むことで、これからの人間関係で素晴らしい人たちと出会ったときに縁を深めることが可能になるでしょう。

六章

真我の協力を得て運気を上げるには

▼仕事運を上げる方法

次に、仕事、異性、人間関係に関する運気を上げる法則をお伝えさせていただきます。

仕事運を上げるためには、まず一番目は傍（はた）を楽（らく）にするという気持ちで働くということです。働くという語源は、自分がそこに存在することで周囲を楽にすることを意味します。

自分がいることで周りの人の足を引っ張るような人もいますが、それでは足手まといになるだけです。その人がいることで「あの人のおかげでたいへん助かる」「楽になる」と思われるような人になること、それが傍を楽にするという意味なのです。

まずはその気持ちで仕事をするということが大切です。

また、感謝の深い人も運を良くする人となります。仕事をするときには、いつも相手がいます。関わる人に対して感謝のない人は発展しないでしょう。

仕事には必ず取引先やお客様が関わってきます。感謝のない人とは一、二回は取引をするでしょうが、長く続かなくなり、結局取引はうまくいかなくなるでしょう。お客様商売であればお客様がつかなくなります。

感謝の気持ちが深い従業員のいるお店であれば、お客様の方が「あの店の人に会いたいからちょっと寄ってみよう」とか、「気に入っている従業員に声をかけたい」といった気持ちになると思います。

特に電話は顔が見えない分、受け取った相手は波動に敏感になります。こちらから発する電話の第一声は、相手のそのときの思いの波動をキャッチします。

ですから、電話に出るときには自分の波動を整えることがとても大切です。相手が名乗ってから急に機嫌の良い声になるのでは遅いのです。

電話が鳴ったら、「私のような者に電話をくださってありがとうございます」というような気持ちを持って心の中で感謝してから受話器を取ると、相手に感謝の気持ちがストレートに伝わり、相手の方がとても良い気分になります。

電話中はもちろん、電話を切った後もすぐにその相手の方への思いを切るのではなくて、心のなかで「このように縁を持たせていただいてありがとう」と感謝をしてから次の仕事に携わるような練習をすると良いと思います。

次に、仕事を行なう上では目的意識が必要です。一度に多くの仕事を段取り良くこなせる人は、その仕事の目標に向けての計画がしっかりしており、いつまでに何のために今の仕事をしているかという目的意識を持っている人です。

そのためには、その日にやるべきことは、朝、もしくは前日の晩に紙に書き出し、終わったものを消していくことです。

そのようにして目的意識を持って働いている人は、仕事が速くなり、いい仕事が次々と来るようになり、仕事運を上げることにつながるでしょう。

常に自分の心を成長させる努力をしている人も、仕事運が上がります。自分の心が成長しているかどうかのバロメーターは、どのくらい感謝が深くなっているかで決まります。幸せ感も強くなっていきます。それが成長のバロメーターと思ってみると良いでしょう。

▼異性運を上げる方法

次に、異性運を上げるための方法をお伝えいたします。真我実現セミナーに参加された方の中には、理想の人とめぐり会い、結婚をされた方が多数いらっしゃいます。

たとえば三十代半ばで結婚に焦っていたOLさんがいらっしゃいましたが、真我実現セミナーの第三ステップを行なっている頃に結納が決まり、資産家の息子さんと結婚され、幸せな毎日を送っておられます。

もう一人の方は五十代のバツ一の女性の方です。息子さんの結婚を願って真我実現セミナーを受講されたのですが、息子さんよりも先にご自身が再婚されたのです。

結婚がその人にとってプラスになるのであれば、真我はすばらしい人と巡り合わせてくださるのです。

自分の理想とする異性に恵まれるためには、まず真我の応援を得られる自分になるということが大切です。

また、出会いたい理想の相手を書き出すことも大切です。ただ漠然と「理想の相手と出会いたい」と思うだけでは出会えません。

出会いたい理想の相手を、十項目でも二十項目でも構いませんので書き出してみてください。高学歴でハンサムで足が長くて包容力があり、自分をすべて許してくれる人など、何でもかまいません。

まず自分が本当はどんな人を望んでいるのかを知ることから始まるのです。書き出した理想は相手に対する理想になりますが、そういう人と出会うためには、自分が書き出した素晴らしい相手から気に入ってもらえなければ、どんなに素晴らしいご縁があっても結ばれないのです。

ですから、自分が理想を掲げた相手の人から気に入られるような魅力ある女性を目指すことが大切なのです。

相手に向けた理想を自分にも向けることで、引き寄せの法則通り、同じ波動を持った人が引き寄せられるということになるのです。

波長の法則によって私たちは同じ波動（思い）を持った者同士が引き合うことになっておりますので、自分がこういう人に会いたいと思ったら、自分が同じ波動を持つ人にならなければなりません。

なければ出会えないのです。

私は結婚の悩みを抱えた多くの方を今までカウンセリングさせていただきました。その中には結婚に対する理想は高いのですが、ご本人が理想の相手に見合わないケースが多々ありました。

波動の合わない人同士は引き合うことはありません。

知的で包容力のある人を求めるのであれば、まずは自分がそういう人になるための努力をしなければ、たとえそのような立派な人と出会ってもまずは会話がかみ合わず、一緒にいても趣味も合わず、すぐに気まずくなっていくでしょう。

真我から応援を得られるような感謝のある人や優しさのある自分になれば、同じく優しくて有能で感謝のあるような人から好意を持ってもらうことができるでしょう。

今まで理想の結婚を望んで真我実現セミナーを受けた多くの方々が、本人が理想とする人と出会っています。類は友を呼ぶという法則は、磁石と同じように同じ波動を持った人同士が引き合う宇宙の法則なのです。

また、幸せ感を深めることも幸せな結婚を望む方には必要です。常にハッピーで感謝があり、幸せな人は、一緒にいて楽しいものです。「もう一度会いたい」と思わせることができます。

逆にいつも不満や愚痴ばかりを言っている人は、破壊の方向へ向かいますので、理想の人との結婚までにたどり着くことができないでしょう。

▼人間関係を良くして運気を上げる方法

私たちが生活していく上で、人間関係の悩みはつきものです。恨みや妬み、謗り、愚痴などの感情を抱えたまま生活していると、どんな人と関わっても喜びも感じられず、感謝の気持ちも生まれません。

人間関係の悩みを解消するのは、運気を上げて幸せになるための基本です。どうすれば良いか、簡単な方法をお伝えいたします。

まず、原則は相手を変えようとしないことです。人間関係で悩む人の大かたの原因は、

「相手がこうなってくれたら」と、相手が変わることを望んでいることです。

人間関係の悩みを解消するためには、相手を変えようとしないことです。一生涯待っても相手が変わる保証はないのです。

変わることのない相手を変えようと思うのであれば、その人は一生、その人間関係で悩み続けることになるでしょう。

もし相手の人に引っかかったり相手に対して悩みが出たりしたときは、そのままその感情を体験するようにしましょう。今、あの人が憎い、イライラする、怒りが出たといったことを、まずは認めるのです。

「あ、今私はこの人に怒っているのだ」とまず認めることが第一段階です。逃げたり相手を嫌ったりしても何も解消しません。

そしてその怒りをじっと感じ取り、何に怒っているのか、ノートなどに書いていきます。悔しいこと、辛いこと、怒っていることなどを、全部紙に書いたり、誰もいないところであれば口に出して言うことです。

怒り、イライラ、悲しみ、恐れなどマイナスの思いもやさしさ、感謝、愛などと同じ思いのエネルギーであり、どちらもエネルギーに変わりはないのです。

ところが、マイナスの感情をとことん極限まで感じ取ると、不思議なことに、おかしくなったり、感謝のエネルギーに変わっていったりするのです。たとえ感謝や喜びに変わらない場合でも、マイナスの感情は消えていきます。

マイナスの感情を体験しないでそのままにしておいたり忘れようとすると、いつまでもその怒りや憎しみに振り回され、悩みが続くことになります。

怒りが出た、憎しみが出たということは、相手が期待通りに行動してくれなかったことで怒りや憎しみが出ているだけです。そしてたまたま相手が鏡となって自分の醜い面を見せてくれているのです。

つまりその人は、本来は自分とそっくりなのです。自分にとって必要な人であり、その人から何か学ぶことがあるために、その人にわだかまりや引っかかりがあるのです。

自分にとって必要でない人にはそんなに怒りも出ないし憎しみも出ないものです。骨肉の争いがあるのは、肉親はとても縁が深くて本来は愛し合うべき存在なのに、一つ間違えると逆になってしまいます。

その理由は、相手への「こうあって欲しい」という期待がどこかにあり、身内ということで、これくらいしてくれてもいいんじゃないかという甘えも加わるため、相手が期待したような反応をしてくれないと、他人同士以上の争いになってしまうのです。

怒りを溜めたまま我慢していると、そのマイナスのエネルギーが日に日に増大していき、ある極限までいくと、爆発して人を傷つけてしまうこともよくあります。そうなる前に自分の中で怒りを解消する必要があるでしょう。

また、人間関係を良くしていこうと思ったら、常に相手にどうしたら喜んでもらえるのか、相手が幸せになれるのかといった観点で、相手を見ながら付き合う必要があります。

そういう気持ちで人と付き合っていくことを心がけていくことで、人間関係の悩みを抱えることはなくなるでしょう。

七章

真我と出会うための実践方法

①「内観」を行なう

内観とはどのように行なうのでしょうか。簡単に言えば、今まで私たちが周囲の人々に「お世話になったこと」「お返ししたこと」「迷惑かけたこと」の三つを通して過去の自分を振り返ります。それによって、今ある自分が客観的に見えてきます。

「汝自らを知れ」、これはギリシャの偉大な哲学者、ソクラテスの有名な言葉です。はるか古代から自分を顧みることの大切さを鉄人たちは知っていました。

自分を知るための方法の一つに、「お世話」「お返し」「迷惑」の三つの項目を調べることによって、自分を振り返る方法が「内観」なのです。そして、心の浄化のための瞑想は、私たちの心に引っかかっている人や問題に対して行ないます。

これまでの人生を振り返って、心にわだかまっている問題や事件、また、悩みの対象となった人や、思い出したくない人を対象に選んで止観瞑想や対人関係調和の瞑想を行なうと、嘘のように悩みから解放され心の中はさわやかになり、その対象となった相手の方や問題から、いろいろなことが学べます。

心の浄化の第一ステップである内観法では、私たちの人生で一番お世話になった人から順番に行なっていきます。

特別な例は除いて、多くの人々が、最もお世話になったと思われる人は母親です。もし、あなたが幼いときに母親と生き別れになったり、様々な事情で他の人に育てられたとしたら、育ててくださった方に対して行ないますが、一般的にはまずお母さんを対象に行ないます。

母親に対して、お世話になったこと、お返しをしたこと、迷惑をかけたことを全て思い出すわけですが、この三つの項目についてお話していきましょう。

お世話になったこととは、あなたが母親から受けた愛情の全てです。お世話になったことは、なにも特別な出来事だけではありません。子供の頃なら、おむつを替えてもらった、食事を作ってもらったなど、親ならごく当たり前のことだとあなたが思っている些細なことも全て思い出してください。

また、迷惑は文字通り、相手に迷惑をかけたことで、人を傷つけたことや、人に嫌われたこと、人を悲しませたことなどです。

たとえば愚痴を言うのも、相手の貴重な時間を奪い、相手に嫌な思いをさせるわけですから、立派な迷惑です。更に門限までに家には帰らず相手を困らせたこともお母さんに迷惑をかけたことのひとつです。

一方、お返しとは、一言で言えば相手を喜ばせた行為です。子供の頃、お母さんに肩たたきをした、あるいは、喜んでお手伝いをした、子供の義務は学校へ行って勉強することですから、頑張って学校の成績を上げたというのもお返しです。

と言っても、純粋にお母さんの喜ぶ顔が見たいといった気持ちから発した行為でなければ、お返しとはいいません。本当はやりたくないのに、お小遣いほしさにいやいや手伝ったというのでは、お返しにはなりません。

あくまでも心から母親にしてあげたいと思った行為だけがお返しです。

●今までの人生を再現してみる

「内観」では、○歳から五歳、五歳から十歳、十歳から一五歳とあなたの今までの人生を区切って順に思い出していきます。これは「内観」の大きな目的が、過去の自分を振り返って本当の自分を知ることにあるからです。

これまでに母親に何をしてもらったのか、母親がいなかったら困ったことを、できる限り具体的に事実だけを思い出していきます。

赤ちゃんのときに、おむつを取り替えてもらったのも、ミルクを飲ませてもらったのもお世話の一つです。

最初のうちはこんなことは当然と思うかもしれませんが、その思いはとにかく横に置いて、事実だけを調べていきます。

●なぜ、思い出すことが重要なのか

それではなぜ、自分の過去を「思い出す」という行為が、それほどまでに大切なのでしょうか。

実際に内観を行なってみていただければ分かるかと思いますが、実は○歳から十歳位までのことは、思いだすのが一番難しいのです。

けれども、○歳から十歳くらいまでのことを思い出せないからといってすぐに諦めてやめないでしまわないでください。なぜかというと、子供時代は、ほとんどの方が、親の愛を無条件で受けている、重要な時期だからです。

現在、あなたが、ご両親との間にトラブルを抱えていたり、少しも世話をしてくれなかったと恨んでいるとしても、〇歳から十歳ぐらいまでには、とても愛情を注がれていることが多いのです。

あなたがお年を召されていて、幼い頃の記憶がほとんど無いとしても、心配はいりません。実際、セミナーに参加された六十歳の方も、最初は幼い頃の出来事や生活が全く思い出せなかったのに、最終日には、まるで映画を見るように、自分の幼児の頃の記憶を取り戻しました。

しかも、幼い頃、母親に抱かれていたときの母親の匂いまで甦ったそうです。

生まれてから今日に至るまでにあなたの思ったこと、行なったことのすべては、表面意識がいくら忘れていようと、潜在意識には、ビデオテープやフロッピーに刻まれるようにすべてが記憶されているのです。

また、この頃の自分を知ることには、自分自身のカルマをつかむという重要な意味があります。私たちのカルマ（思い方の癖）というのは、ほとんどが十歳位までに根っこが出ているものだからです。

もちろん、そのカルマは、大人になってからもずっとあなたの人生に様々なトラブルを引き起こします。

しかし年齢を重ねるにつれて、単純なカルマにいろいろな尾ひれが付くため、状況が複雑に絡み合ってしまうのです。そのため多くの人が、いったい、自分のカルマがどこにあるのか、わからなくなってしまうのです。

ところが、子供時代には単純な状態で、カルマがはっきりと出ています。

自分の欲望を通さずにはいられないとか、自分の失敗をすぐ他人のせいにするといったカルマが、現在の自分から振り返れば、一目瞭然の形で現れているのです。そういった意味で、子供時代のカルマを発見することは非常に大切です。

どうも引っ込み思案で困る、対人恐怖症で苦しんでいる、人生を前向きに考えられない、何事に対しても無関心だ、そのようなあなたの根本原因は、すでに子供の頃に芽生えているものです。

ですから、その原因に気づくことができれば、今後の人生での対応方法が分かります。その結果、あなたの悩みを根本から解決することが可能となるのです。

瞑想呼吸法を行なうには丹田呼吸法の修得が必須です

基本の丹田呼吸法

ひざとひざの間は握りこぶし1～1.5個分程度あける
ひざは直角（90°）になるように

1 椅子にやや浅く腰かけ、足は腰幅位に軽く開き、背筋を伸ばし、肩とみぞおちの力を抜き、あごを軽く引き目を閉じます。両手を丹田に当て、鼻と口を使って３回息を吐きます。(腹式呼吸) その時に心の中のわだかまりやひっかかりを吐き出すイメージです。

両手は丹田に当てる

2 鼻からゆっくりと息を吐きながら、上体を15度位前方へ倒していきます。

3 一呼吸ほど息を残した状態で呼吸を止め、両ひざを合わせます。続いてお尻(肛門)を締め、後方にスライドさせます。

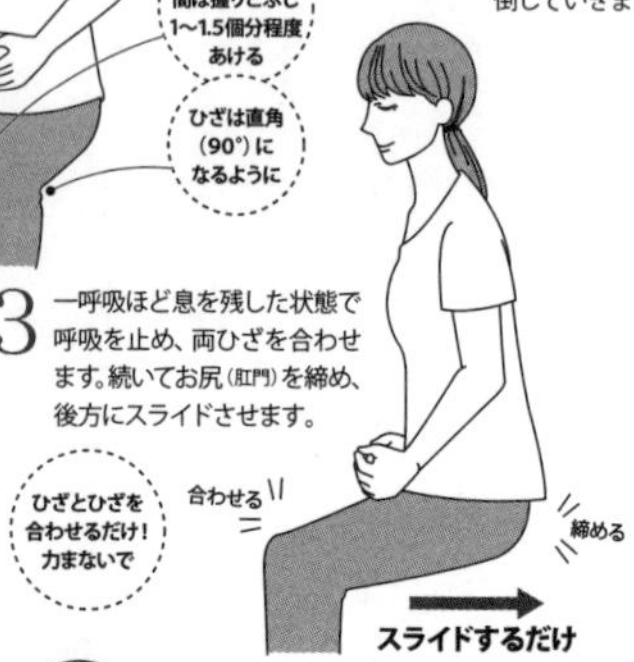

ひざとひざを合わせるだけ！力まないで
合わせる
締める
スライドするだけ

ゆるめる
ゆるめる

4 両膝とお尻を緩め、脱力します。脱力することで、同時に自然に鼻から息が入ってきます。この時に首をがっくりと下に落とさないよう気をつけてください。上半身は常にリラックスした状態を保ち、縮めたり緩めたりするのは下半身だけです。

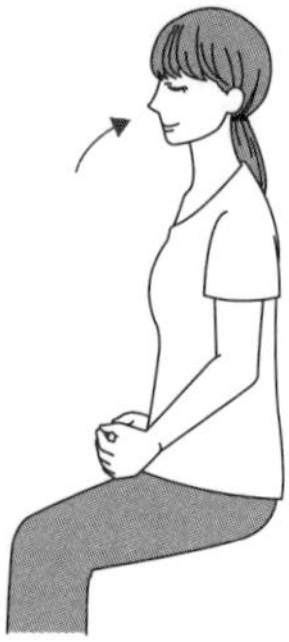

5 ゆっくりと上体を起こします。この時に、まだ息が入ってくるようであれば、入るにまかせましょう。最後に肩やみぞおちの力が抜けているかどうかを確認し、背筋が伸びた状態から、また上体を前方に倒しながら息を吐いていきます。

瞑想呼吸法の基本である「太陽呼吸法」を１日の朝30回、夜30回行なうことをお勧めします

太陽呼吸法

1 椅子にやや浅く腰かけ、足は腰幅位に軽く開き、背筋を伸ばし、肩とみぞおちの力を抜き、あごを軽く引き目を閉じます。両手を丹田に当て、**鼻**と口を使って3回息を吐きます。（腹式呼吸）その時に心の中のわだかまりやひっかかりを吐き出すイメージです。

2 **鼻**からゆっくりと息を吐きながら、上体を15度位前方へ倒していきます。

3 一呼吸ほど息を残した状態で呼吸を止め、両ひざを合わせます。続いてお尻（肛門）を締め、後方にスライドさせます。

4 次に両ひざとお尻をゆるめると同時に、必要量の空気が自然に入ってきます。この息が入ってくるのと同時に先ほどの**「太陽の光がサーッと頭頂から自分の全身に充満していくこと」**をイメージしながら上体を起こしていきます。この時に、まだ息が入ってくるようであれば、入るにまかせましょう。

5 最後に肩やみぞおちの力が抜けているかどうかを確認し、背筋が伸びた状態から、また上体を前方に倒しながら息を吐いていきます。

あとは②〜⑤の動作を繰り返していきます

※両ひざとお尻をゆるめ、息を吸う時に朝日のイメージが終りましたら、ロザリオの玉をひとつ進めます。

【朝日の光のイメージ】

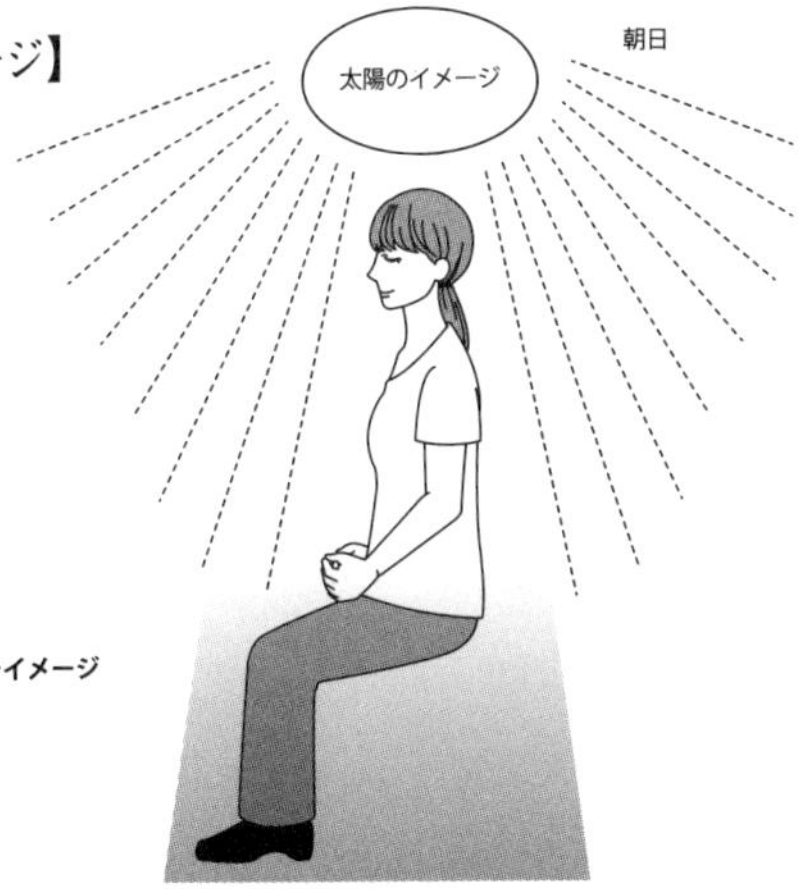

頭頂〜顔〜両肩〜両腕〜
胸〜みぞおち〜お腹〜
背中〜お尻〜足の指先…
つまり、**頭の上から足先まで、朝日に照らされている自分をイメージ**

③ 感謝の瞑想を行なう

一日一回、朝か夜寝る前に感謝の瞑想を行なうことをおすすめしています。

●「感謝」のエネルギーは相手に届く

「感謝の瞑想」は、自分がお世話になったと思う方に、感謝の気持ちを伝えることをイメージしながら行ないます。

私たちはお世話になった方によく贈り物をしますが、これは気持ちを物で表したり、物に感謝の心を込めて贈っているのです。

「感謝」や「愛情」の余波というのは、プラスのエネルギーです。

ですから、この瞑想呼吸法で相手に「感謝の気持ち」を送ると、相手にもプラスのエネルギーが伝わっていくのです。

本人は気がつかなくても健康になったり、満たされた気分になっていきます。もちろん自分自身も感謝や喜びのエネルギーで満たされますので、心が豊かになっていきます。

この瞑想はよく知っている方に対して行なうのは当然のことですが、今どこにいらっしゃるのか分からないが、昔たいへんお世話になった方や、すでに亡くなられた方に対しても行なうことができます。

亡くなった方々にも、プラスのエネルギーは必ず届きますので、すばらしい供養になります。

また、もっと仲良くなりたい方や、一緒に仕事がしたい方など、いいご縁を結びたいと思う方がいるときにも、この「感謝の瞑想」をお勧めします。

せっかく知り合っても、何もしないでいると縁が切れてしまうことがあり、忙しい大人社会ではより良い人間関係を維持していくことは難しいのです。

そういうときにこの瞑想を行なっていると、会えなかったり、電話ができなくても相手の方にはこちらの思いが伝わり、先方の方がこちらのことを忘れないで思い出してくださるのです。

●潜在能力を一〇〇%引き出す

「感謝の瞑想」は、まず最初に「太陽呼吸法」でイメージした太陽の光をイメージの中で自分の全身に入れます。

次に、心の中で相手の顔を思い浮かべながら「ありがとうございます」とお礼を述べ、さらに相手の全身に太陽の光がふり注ぐことをイメージします。

では行なってみましょう。

●感謝の瞑想

① 目の前に想像上の椅子をイメージして、そこにお礼を伝えたい方に座っていただきます。

② 背筋を伸ばし、両手は丹田に当てます。

③ 目の前に座っていただいた方から今までお世話になったことを思い出します。

④ そしてその方に対して心からお礼の気持ちを伝えます。

⑤ 一人の方が終わりましたら、次の方と順番に行なっていきます。

※この瞑想は著者の誘導で行なえるＣＤがありますので、本格的に行ないたい方は、そちらを参照してください。(地球平和の瞑想)

④ 真我実現を助ける言葉を作り、それを唱える……………

真我実現のためには、これから達成したいことを言葉にし、唱え続けていくことが大切です。この言葉を唱えることにより、常に自分の理想とする姿を意識することで、真我の応援が得られやすくなります。

真我実現を助ける言葉を作るポイントは、まず「自分がこうありたい」という姿を書き記すこと。

そして次に、「今自分に足りないと思うこと」を「なぜなら」といったフレーズを使って表現することです。

それでは実際、どのような言葉を作ればいいのか、ご紹介していきましょう。

●仕事の成功、成就を目指す場合

◎「私は自分が選んだ仕事で必ず成功してみせます。なぜなら私は日々の仕事に創意工夫を怠らず、喜びをもって仕事をしている私の姿が、多くの人々の目に留まり、成功のチャンスを次々と与えられるからです」

◎「私は心を規範とする会社を運営できています。なぜなら私は会社の仕事を通して、自分自身のあり方を探求し、良きをとり、思わしくないものは反省し、心の浄化に努めているからです」

◎「私が推進する計画は、人々に支持され、素晴らしい成功を収めます。なぜなら私は真我に素晴らしい知恵を与えられ、創意工夫をもって仕事に取り組むからです」

◎「私はグループのメンバーに、満足感とやる気を与えることができます。なぜなら、私は自分から働きかけることで、彼らを理解し、長所を認める努力をしているからです」

●健康を目指す場合

◎「私は日に日に元気になり、光輝いています。なぜなら私の細胞は太陽のように光輝き愛と感謝にあふれ、最高の働きをしているからです。私はとても健康です」

◎「私の目はリラックスしています。ゆったりとくつろいでいます。私の目の筋肉は柔軟で、弾力性に富み、見ようとするものにはいつでも焦点を合わせることができます。視力は健全で、見たいものはいつでもはっきりと見えます。眼鏡はもういりません」

◎「私の腸は順調に働き、必要なものは吸収し、不要なものは完全排泄できる腸です。なぜなら、私は腸の働きに日々感謝し、腸が喜んでくれるような食生活を心がけているからです」

●いつも真我とつながっていたい場合

◎「私はいつも真我とつながっています。全てのことを肯定的に捉え、感謝と優しさに溢れた心で人生を前向きに生きているからです」

◎「私はあらゆることにおいて毎日良くなります。一層良くなります。なぜなら、私はますます向上し、ますます立派になり、周りの人々のお役に立てるよう日々努力を怠らないからです」

◎「私が人々に好感を持たれるのは、私が他人の長所を積極的に探し、それを具体的に褒める努力をしているからです。私の人に対する思いやりと親切が相手に安らぎを与え、好感をもたれるのです」

◎「私は優雅で魅力的な女性です。なぜなら私は心の奥に無尽蔵の愛の泉をもっており、日々接する人々に、今自分のできる最善を尽くす努力を惜しまないからです」

◎「私の周りには愛と喜びと明るい環境のみが展開しています。なぜなら私は否定的な感情をすべて解放し、今、私の心のなかには愛、感謝、喜び、明るさのみが充満しているからです」

◎「私の心はいつも感謝で溢れています。日々、どんな些細なことにも感謝することを心がけ、その気持ちを言葉と行動で表現し続けているからです」

◎「私は優しさに溢れています。常に相手の立場に立って相手の喜ぶことと成長することを心がけて生活しているからです」

◎「私は明るく輝いています。日々相手の良いところを探し、そこを褒め、相手の幸せと成長を祈り続けているからです」

◎「私の心は愛で溢れています。日々縁ある人々が幸せになることの手助けを惜しまないからです」

◎「私の心はいつも平安で満たされています。自分を愛し、人を愛し、更に全ての存在を自分の一部と感じているからです」

◎「私は燦然と輝いています。太陽のように他を生かす心で人々に愛を注いできた結果です」

◎「私には幸せが循環しています。楽しいことを思い、人の喜ぶことのみ行なっているからです」
◎「私は幸運に恵まれています。日々感謝と報恩を繰り返しているからです」

皆さんもこうした例を参考に、自分の理想・希望に合った言葉を作ってみてください。そしてその言葉を紙に書いて貼るなどして、日々の生活のなかで常に意識していくと、真我実現への道はぐっと縮まります。

八章

聖者バガヴァンの教えとメッセージ

この章では、現在インドにおいて世界中の人々を目覚めに導いておられる聖者バガヴァンとの質疑応答をご紹介させていただきます。

Q 質問者（原）……精神世界に特に関心のない日本人に神（真我）についてどのように説明したらよいでしょうか？　一般の方に神（真我）を抵抗なく受け入れて理解してもらうためには、神（真我）についてどのように説明し話すのがベストでしょうか？

A シュリ・バガヴァン……人間と神は違ってもいないが、同じでもありません。それらは同じリアリティーの両端です。実際には神と人間は一つです。人間と神が離れていると考えるのはイリュージョンです。

神には自分という質はありません。人が体験する（＊神の）パワー量、またはディバイン（聖なる存在）が姿を現すフォームは、その人の神との関係および神に対する認識によります。

「その人の物差しに応じて」という法則がここでは働きます。ほとんどの人は「神とは人間の創造の産物だ」と考えています。

いわゆる「科学的な人間」と呼ばれる人は、恩寵という最も素晴らしい出来事もその自信による信念による出来事であると説明づけようとします。

神とはあなたが「神はこうあって欲しい」と欲するものです。神の本質をもっと適切に描写しているインドの言葉は“Bhaktha Paradhina”（バクタ・パラディナ）または“Yathokthakari”（ヤトクタカリ）です。“Bhaktha Paradhina”（バクタ・パラディナ）とは、「招かれた者として振る舞う者」という意味です。

ワンネスにおいては、私たちは「あなたは自分自身の神を創造する」と言っています。それは創造によって存在しない神を作り出すという意味ではなく、その人が行使するパワーに目覚めるという意味です。

神はパワフルですが、しかし神の一部であるあなたもとてもパワフルであり、それ故に問題及び計り知れない素晴らしさがあるのです。

人間にはその人が選んだ神をデザインする自由があります。それは陶工が粘土を使って傑作を作るのと似ています。

あなたは陶工であり、神は粘土です。あなたが神はこうあって欲しいと望むとおりに神はあなたに応えるでしょう。

もし陽気でパワフルで慈悲深く、そして即座に応えてくれるあなた自身の神、ディバイン（聖なる存在）またはハイアーセルフとつながるなら、それがあなたの神となるでしょう。

反対に神を理解不能なものと定義するなら、あなたはそのような神を体験し、神はあなたにとって捉えがたいものとなります。

あなたはしかめっ面をしている神、あるいは笑っている神、または遊んでいる神を選ぶことさえできます。もし暴君のような神を創造するなら、たくさんのつらい出来事を体験した後に初めて神の恩寵を感じられるでしょう。

覚えておいてください。神は絶対的なものではなく、神に対するその人の見方、認識に依存します。

神はただ存在します。この神は男性でもあり、女性でもあります。どう定義するかはその人次第です。もし七〇億の人間がいるなら、七〇億の神がいます。「これが神だ」あるいは「神の定義」というものはありません。神とは個人的なものです。

それ故に、罰する神あるいは無関心な神などというようなイメージを抱かないことがとても重要です。神は自分の考えや人生に関して怒っていると思い、神から罰せられることを恐れているなら、そのとおりになるでしょう。

もしあなたにとって神とは何回も嘆願し、嘆願した後にやっと応じてくれる怠け者の父親のようであるなら、それがあなたの現実になることでしょう。

神はいかなる質をも示しません。神はこうであるとあなたが見なすとおりになります。ですから「あなた自身の神を創造しなさい」と言っているのです。

ディバイン（聖なる存在）はあなたとは関係なく存在していますが、しかし神があなたに対してどう応えるかはあなた次第なのです。それはすべてあなたの手の内にあります。

Q

質問者（原）……神実現（真我実現）に到達するために、私たちは人生において何を行ない、実践すべきでしょうか？　毎日の生活をどのように生き、何に

フォーカスすべきでしょうか？

A

シュリ・バガヴァン……神実現において神はあなたにとって非常に個人的なものとなります。高いレベルで神実現している人にとって、神は物理的です。彼等は神と一緒に歩き、話します。そして神の息を物理的に感じることもできます。それほどリアルです。

まず必要なことはディバイン（聖なる存在）との交流です。ディバインとの交流はその人の人生のなかでディバインの臨在を感じていることです。

人生とは神—宇宙的知性が様々な形で人間と相互作用しているプロセスです。神との触れ合いは宗教とかスピリチュアリティーに限られていません。

科学、芸術、人間関係、職場などでも神を見ることができます。人生のあらゆる側面で見ることができます。

メッセージは絶えず私たちに向かって発せられています。それらのメッセージは言葉によるものである必要はありません。それらは体験という形でも生じます。

偶然の出会いなどありません。蛇が自分の尻尾を噛んでいるというケクレが体験した夢は偶然ではありません。（＊訳注：アウグスト・ケクレ。ドイツの有機化学者。この夢によってベンゼンの六員環構造を思いついたといわれる）。

神の知性は夢のなかでも現れます。しばしばメッセージは偶然という形でやってきますが、人々はそれがメッセージであることを認識していません。

人々はそれを偶然、幸運、出来事と感じています。

人がそれらのメッセージの源を認識すると、その人は愛と感謝で一杯になり、その結果それらの偶然は奇跡として認識されるようになるでしょう。しばしばメッセージは人のそのときの問題に答えを与えています。

人間は自分の人生を振り返りません。人は決して自分が体験したことを熟考しません。それゆえに出来事の間に繋がりを見ないのです。

学びは振り返ってみることのなかにあります。自分の人生を振り返ってみるようになると、いつも自分の人生を導き、方向付けてくれる「フォース」（＊力）を認識するようになります。

どれだけそのフォースが面倒を見てくれているかに気づくようになります。それは非常に個人的な感覚であり、何かとつながっているという感じです。

人がこのような関係のなかで成長していくと、人生は意味のあるものとなります。助けを呼ぶことができるようになり、何らかの形で答えを受け取るようになります。それは友達に話している感じです。

様々な人がこの「フォース」をいろいろな名前で呼んでます。宇宙的意識、エネルギー、知性、ハイアーセルフ、自然、神などとディバインとの関係は永遠、永続的安心感を意味します。

それが起きるとき、それはゴールデンエイジです。

もう一つは、人はできるだけ自分のディバイン（聖なる存在・真我）と話をするべきだということです。たとえディバインを見たことがなくても、またはディバインからの応答を感じなくても、人は引き続きディバインに話しかけ、とりわけディバインに助けを求めるべきです。

徐々にゆっくりと、ディバインが応答してくれるのが分かるようになるでしょう。（翻訳・高橋恵美）

《シュリ・バガヴァンのメッセージ》

あなたが神に最も近づける場所、それはアンタリアーミンです。神あるいは高次の意識は全ての人のなかに顕現します。

あなたのなかに目覚める神のこの側面はアンタリアーミン、内なる存在、または聖なるハイアーセルフなどと呼ばれています。

この神は無数の異なった姿をまとって現れたり、あるいは形のない存在として現れたり、声として現れることもあります。


ひとたび目覚めると、アンタリアーミンはインターネットのように振るまいます。個人のパソコンが、情報にアクセスしてコンタクトするためのコミュニケーションのネットワークを形成するのと同じように、あなたの中のアンタリアーミンは他の全ての人間とつながっているのです。

あなたがハートで祈ると、世界のいかなる場所からでも応答を得ることができ、奇跡および驚くような偶然の一致を目撃するでしょう。（翻訳・高橋恵美）

《インドのワンネスユニバーシティにおける質疑応答》

Q **質問者……バガヴァン、どのようにしたら他人の苦しみを自分の苦しみと同じように生き生きと体験できるのでしょうか？**

A **バガヴァン……**ほとんどの場合、あなたは自分の苦しみを説明しようとします。理解しようとします。他方、もしあなたがそうすることをやめるなら、体験が自動的に生じます。

例えば、あなたが結婚していて、あなたの妻があなたに向かってわめき立てるとします。もしあなたが心理学に関するたくさんの本を読んでいるなら、あなたは彼女の言動を説明づけようとするか、または彼女を一生懸命に理解しようとすることでしょう。

もしあなたがそういったことをしなければ、そのときあなたは彼女の小言を体験し始めます。そしてそのとき、とても奇妙な素晴らしいことが起こります。説明づけや非難がないときにのみ、他人を体験することができるのです。

それゆえに、このワンネスの運動では多くの人がお互いを体験することを学んでいます。

かつては夫または妻の小言について文句を言っていた人が、今では小言が始まる瞬間にエクスタシーを感じるのです。

かつて彼らは家から逃げ出していたのに、今はそんなことはしません。ですから、あなたの身近な人間関係から始めてみたら良いでしょう。

Q

質問者……バガヴァン、自己不信はどこから来るのでしょうか？　自己不信から脱却するにはどうしたら良いでしょうか？

A

バガヴァン……そのためにはマインドの本質を理解する必要があります。

マインドの本質と言うとき、それは個人のマインドではなく、古代から続いている人類のマインドのことを意味します。

マインドは幻想であり、実体がないものであり、その質のひとつが自己不信なのです。覚えておいてください。それは「あなたの」マインドの質ではなくて、「その」マインドなのです。それゆえ、マインドを変えようとするいかなる試みも成功することはありません。ひとたびこのことを発見するなら、もう問題は起こらないでしょう。

マインドのなかで自己不信は続くかもしれませんが、あなたはそれを見ているだけです。それについてあなたができることは何もありません。なぜなら、それがマインドの本質だからです。

Q 質問者……バガヴァン、私は生涯を通じて神を探し求めてきました。多くのスピリチュアルなコースや、セミナーに参加し、聖地を訪ね歩きました。しかし、私はまだ神を体験していません。

A バガヴァン……神を求めてあちこち行く必要はありません。必要なことはあなた自身の人生を見つめることであり、そうすれば神を見ることでしょう。あなたの人生を通じて、聖なる存在、神の手がいつもあなたを助け、導いています。ただあなたが気づいていないだけです。

あなたが自分の人生を振り返ってみると、そこには高次の知性、高次のエネルギーがいつもあなたと共にいたことを発見するでしょう。その真実に目覚めるとき、あなたは人生において神の存在を発見することでしょう。（翻訳・高橋恵美）

Q 質問……バガヴァン、神は一つなのに、どうして神の反応は人それぞれに異なっているのでしょうか？

A 答え……あなたがどれだけの恩寵を受けるのか、あるいはあなたに向けて神がどのような形を取って現れるのかは、あなたが神とどのような関係を結んでいるのかによって決まります。

ですから、処罰する神や無関心な神のイメージを持たないことが大切なのです。もし、あなたが神はあなたの考えや生活のために怒っていると思い、神を恐れれば、神は本当にあなたを罰することでしょう。

あなたにとっての神が、さんざんねだって頼んだ末でないと答えてくれない不精な父親であるなら、それがあなたの現実になるでしょう。

あなたが自分の神を創造するのです。あなたは神を創造することにおいて自分が持っている力と自由に気づいていないために人生を台無しにしているのです。

あなたが自分に対してやってしまう最大の失敗の一つは、裁きによって支配し罰する不完全な神という、間違った種類の神を創造することなのです。

私があなたの神を創造しなさい、と言うとき、それは存在しない神をあなたのイマジネーションを通して創造する、という意味ではないことを忘れないでください。

神はあなたの創造者です。それでは、どのようにしてあなたは神を創造するのでしょう?

あなた自身の神を創造しなさい、ということは、あなたが発揮する力を自覚するという意味なのです。

神はパワフルです。しかし、神の一部であるあなたもまた、とてもパワフルなのです。

ここに問題が生じるのです。

あなたには、自分が望む種類の神をデザインする自由があるのです。それは粘土を使って創り出す陶芸家のようなものです。あなたは陶芸家で神は粘土です。ですから、あなたの神はあなたが望む方法で反応するのです。

そのために、私たちは「Elokthakari—命じられるままに行なう者」という言葉を使うのです。神をデザインすることを僭越だなどと思わないでください。あなたは、無意識のうちにずっと神を創造し続けているのです。

今はただ、それを意識して、知的に行なうのです。神は彼自身または彼女自身を定義することはありません。人類が神を定義するのです。

神を創造することはあなたを目覚めさせるのに十分なほどパワフルで、そしてあなたの望みを実現させます。

あなたが、必要とすることにすぐに答えてくれる遊び好きで力強くて情け深い友人としての神と関係を結べば、それがあなたの神になることでしょう、

その一方で、あなたが神を近づきがたい者と決めてしまうと、天国の扉は開かれないでしょう。なぜなら、そこには「通行止め」と書かれた大きな板があるのです。

もしも、あなたが神とは漠然としたものだと言えば、それが本当にあなたの経験になってしまいます。怒れる神、微笑む神、笑う神、あなたと遊ぶ神、あなたはどんな神を持つのかを選ぶことができるのです。

（翻訳・菊地雅都）

《世界各国でのシュリ・バガヴァンのダルシャンでの質疑応答》

Q **質問者……バガヴァン、私は、家族との関係性を正しく整えることが、目覚めにとって本質的であると理解しています。ですから、どうすれば関係性が本当に正されていることを認識できるか、教えてくださいますか？　何か判定基準があるのでしょうか？　それとも、自分自身でそれを知ることができるのでしょうか。**

A **答え……**目覚めのレベルが上がり続けるにつれて、あなたはもっと変容するでしょう。この変容があなたの関係性を映し出します。

関係性は自分自身を見る鏡です。人生は関係性です。ですから、ある関係性の中で傷つけられることがなければ、それはあなたが変容していることを意味します。ある関係性の中で無条件の愛があれば、あなたは変容しています。ある関係性の中で歓びが得られれば、あなたは変容しています。

このようにして、変容しているかどうかを自分でチェックできるでしょう。

また、内面には大いなる平安があります。あなたの内側には静寂がありますが、それはノイズの反対ではありません。
あなたの内側では、良いとか悪いとかという対話が絶え間なく続いているでしょう。目覚めが深まるにつれて、対話はゆっくりと止まります。
私たちが語る静寂とは、そのようなことなのです。これは、あなたが自分で確認できることでしょう。

Q

質問……バガヴァン、私たちはいつでも何かしらの困難を抱えています。それは常に、私たちはそこから何か学ぶべきものがあるという意味なのでしょうか？ それとも、その意味を分析すべきではなく、ただ、その出来事が引き起こす感情を感じるべきなのでしょうか？

A

答え……基本的には、何かが起こるのは、あなたのカルマが動き出していることを意味します。そして、あなたはそこから学ばなければなりません。
何かが起こったとき、あなたのスピリチュアリティが成長を始めるのです。

Q

質問……バガヴァン、人生をより豊かで歓ばしくするために、私たちがしなければならない最も大切なことは何でしょうか？　このことに努める上で、目覚めている人と目覚めていない人では、何か違いがあるのでしょうか？　ありがとうございます、バガヴァン。

A

答え……あなたは自分自身を受け入れなければなりません。あなたは自分自身を愛さなければなりません。これらのことに努めれば、いくらかの利益を得られることでしょう。

でも、努力なしで行なうことができれば、それは全体的な変容なのです。人生のあらゆることが、正しい場所に収まることでしょう。

私たちがあるがままの自分を受けいれず、あるがままの自分を愛さないことが問題なのです。目覚めれば、あなたは努力なしにこれらのことを行なえるでしょう。

Q

質問……バガヴァン、私たちの人生にシフトを起こすために、教えを実践することが大切だと言われています。そして気づきを持ち、あるがままを見るよう

に勧められています。でも、どうやって教えを正確に実践し生活するのか、よく理解できません。生活の中で教えを具体化するために、何を実行するのでしょうか？

A **答え**……ワンネスでは、あなたが何者であるかは重要ではありません。あなたのマインドの中身は重要ではありません。

教えを実践するとは、あるがままと共にいることを意味します。苦しみに遭遇すると思ってください。苦しみから逃げないのです。自分が遭遇している苦しみを握りしめるのです。

苦しみと共にいれば、それを経験し始めます。経験すれば、それを意識するようになります。

私たちは、物事をどうにかしようとするのではありません。ここはしっかりと理解していてください。あるがままに留まることは最初のステップであり、最後のステップです。

あなたが努力なしにあるがままに気づいていれば、あなたは目覚めた状態にあります。

どうか、物事をどうにかしようとするのではない、ということを理解してください。それ自体が目的なのです。

あなたが苦しみを経験するとき、あるいは苦しみを意識し、苦しみと共にあるとき、それは歓びです。それが無条件の愛なのです。

無条件の愛や、無条件の歓びに導かれるということではありません。努力なしにあるがままに留まることが、無条件の愛であり無条件の歓びなのです。

この洞察を得られれば、合格です。これが、私たちが語る「教えの実践」なのです。

Q

質問……親愛なるバガヴァン、マインド、エゴ、本当の自己、ごまかしの自己、意識的なマインド、そして無意識のマインドという言葉を、どうかはっきりと説明してくださいますか。

A

答え……マインドとは、過去から現在を通して未来へと続く思考の流れです。自己とは、私たちが持っている分離の感覚です。あなたが目覚めれば、完全に目覚めれば、自己は消滅します。

エゴとは、六つのゲームをやる心理的な自己です。「私は正しい、あなたは間違っている」のように、支配しようとしたり、支配を拒もうとしたりするこれら全てのゲームは、エゴによってプレイされます。

プレイしているのがごまかしの自己であることが、とても頻繁に観察されます。たとえば、嫌いな人が家に来たのに、あなたは愛想をふりまいて歓迎するような、それがごまかしの自己です。

本当の自己は、「おれはあいつが嫌いだ」と言います。それが本当の自己です。しかし、その人物にお世辞を言ってもてなすのは、ごまかしの自己です。

もし、とても注意深く観察すれば、活動しているのがごまかしの自己であることを、とても頻繁に発見することでしょう。

友人、同僚、さらに自分の家族メンバーと関わるときですら、とても頻繁にごまかしの自己がプレイしているのです。

もしあなたがごまかしの自己を観察すれば、物事は変化し始めるでしょう。ごまかしの自己をコントロールするべきではありません。そんなことをすると、本当にトラブルになります。

そうでなく、ただ、内面で進行していることに気づいていなさい、それが、本当の自己なのです。もし上司が嫌いでも、「ボス、あんたが嫌いだ」なんて言ってはいけません。

お世辞を使いなさい。ごまかしの自己でいなさい。でも、内面では本当は何が起こっているかに気づいていなさい。

しかし目覚めたら、あなたは完全に本当の自己になることができます。あなたが目覚めておらず、それなのに本当の自己であろうとしたら、本当にトラブルになるでしょう。

Q

質問……私の国が神の意図を表現するために、個人はどのように貢献できるでしょうか?

A

答え……一人一人が変容すれば、国が変化します。なぜなら、あなた方が国だからです。ですから、より多くの個人が変容すれば、あなた方の国や社会も変化するのです。

サブシステムで何か起きれば、システムは自然に変化するでしょう。そしてシステムの変化はサブシステムに影響します。同じく、サブシステムの変化はシステムに影響します。ですから、私たちは社会を変容させようと働きかけるのではなく、個人を変容させようとするのです。個人が変化すれば、社会は変化します。

Q

質問……親愛なるバガヴァン、ワンネスメディテーションの最中に参加者に起こっていることについて、もう少し説明していただけますか？

A

答え……ワンネスメディテーションの最中には、クンダリーニの上昇とチャクラの活性化が起こっています。チャクラとは身体の中の内分泌腺で、脳のスイッチなのです。

ですから、私たちは間接的に脳に働きかけているのです。そして脳が変化すれば、あらゆる目的を達成します。これは本質的に脳のワークなのです。

Q

質問……バガヴァン、先祖から受ける祝福は、日常生活にどのような助けとなるのでしょうか。

A

答え……問題の多くは、先祖があなた方に不満を抱いていることが原因なのです。

あなた方がこのような方法で先祖に祈り、先祖を呼び出して、亡くなった先祖に

PadaPranamを行ない、そして好きな食事を供えて、先祖から祝福を受ければ、あなた方の問題はほとんどすぐに解決するでしょう。

あなた方が先祖から祝福されないから問題が起こるのです。それが、問題を解決する方法の一つです。

Q

質問……ありがとうございます、バガヴァン。「感謝は安心の母です」という言葉の深い意味を、どうか説明してください。

A

答え……あなた方はみな、「プログラム」にコントロールされています。私たちの人生で起こることは、お金の問題であれ、夫婦関係、さまざまな病気、成功と失敗など、すべてプログラムの現れなのです。

プログラムそれ自体は、過去生、受胎の瞬間、子宮の中で起こったこと、分娩がどのように起こったか、そして（生まれて）最初の六時間は決定的に重要です。それから最初の六年間に由来します。それがあなた方のすべてをコントロールしているプログラムなのです。

さて、このプログラムには、ポジティヴな側面とネガティヴな側面があります。あなた方が感謝を持っていれば、プログラムの中のすべてのポジティヴな部分にスイッチが入ります。そしてネガティヴな部分のスイッチが切られます。

一方、感謝を持っていないと、ポジティヴな部分のスイッチが切られて、ネガティヴな部分のスイッチが入ります。

ですから、プログラムを変更する最も簡単な方法の一つは、感謝を溢れさせることです。他人の立場になってみるか、あるいは自分の人生を振り返ることで、それは容易に起こり、簡単に達成できるのです。

ひとたび感謝を持てば、人生が変化を始めるのが分かるでしょう。（翻訳・菊地雅都）

九章

真我とつながって人生が好転した人々

体験談❶　会社での人間関係が良くなり、自然体で働けるようになりました

T・Mさん（男性　千葉県　会社員）

両親や家族との関係

真我実現セミナーでは、ずっと両親との関係を見ていました。現在、両親との関係は今、とても良くなっています。二カ月に一回ぐらいの頻度で、八十八歳の母と九十一歳の父に会いに、四国の実家まで帰って、限られた時間を「ありがたいな」と感じながら過ごしています。

その後、初めて妻と娘の関係を見ていきました。妻との関係にもいろいろなことが見えてきました。だいたいは私が一方的にひどいことをしていました。驚いたことにずいぶん怒りが出てきたのです。私は「自分のほうが悪い」と思っていた割には怒りを感じていました。

なぜ、そのような怒りが出てきたのか。いただいたシートに従って見ていくうちに、妻に、「明確に、無条件に愛を与える人」「無条件にすべてを受け入れてくれる人」という理

想を、無意識に押し付けていたことに気づきました。

よく考えたら、そんなものを他人に求めても無理です。それこそ、それは真我に求めるものなのに、それを他人に求めて怒り散らしていたということに、私は申し訳なさを感じました。

そうすることで、初めて自分の中の真我さんに出会ったなという感じがしました。自分の中にも無条件の愛のようなものがあるのだということに、驚きました。そして真我さんとひとつになり、無条件の愛を与えられる人、無条件にすべてを受け入れられる人になりたいなと思った次第です。


対人関係調和法で、今度は娘との関係を見ていきました。娘はある意味、自分が一番見たくないところだったのです。娘に対しては、私自身のエゴで、とても傷つけてしまっていました。自分の周りにいる中で一番弱い存在を一番傷つけて、そのことに対しては自分では「どうしようもないな」と思っていました。

しかし、真我さんに助けてもらって、娘の傷を癒さないと何もできないなって感じました。

両親や家族との関係を見ていく中で、今、一番大変な思いをしている仕事の問題を解決しようと思いました。

私は出版社に勤務しています。元々は編集部にいました。今振り返ってみると、きちんと仕事をせずに、いつも不満ばかりを抱えて愚痴を言っていました。

すると今度は、さらに几帳面さが必要とされる業務部に異動になりました。新しい本を作るにあたり、採算性を踏まえて部数や価格を考える必要が出てきたのです。悪戦苦闘の毎日が始まりました。まるで新入社員のように、試行錯誤をしていました。

おそらく昔の軟弱な自分であれば、憂鬱になっていたかもしれません。しかし、真我実現セミナーを受けていたおかげで、悪戦苦闘しながらも、毎日を淡々と乗り越えることができました。

いつも逃げていた私

結局、いつも私は逃げていたのです。大きなことばかり見て、目の前のことから逃げていました。頭では「目の前のことをちゃんとやることが大事だ」と思いながらも、長年の癖で「本当の私はこんなはずではない」みたいな感じになっていたんですね。

ちょうど一日目に、どなたかが原先生に「会社での仕事がうまくいくには、どうすれば良いのでしょうか？」と質問をしていました。

そういうとき、私はすぐ「会社が悪い、国が悪い、制度が悪い」といったことを考え、他人のせいにすることが多かったのですが、原先生は「人しかいないのよ」とおっしゃいました。つまり、「自分の周りの人との関係を良くしていくことなのよ」と言われて「あっ、そうだ！」と気づきました。

目の前で接している人との間で自分には何ができるのか、もうそこしかないのです。そう気づけたとき、楽になりました。

自分なりに「どうすれば地球を良くできるだろう」「この状況からどうすればいいんだろう」と悩んでいたので、そこでまたひとつ解けた感じがしました。

そこから「真我さんが実現を望んでいることの実現を自分は手伝いたいな」といった考え方ができるようになりました。

そうなるためには、今この瞬間、この目の前で起きていることをすべて受け入れてすべて愛し、誠実に取り組んでいくことが大事だと気づきました。

それができていることによって本当に真我とか神様が望むことに自分もちゃんと向かえ

ているんだなということが、分かった気がします。

このセミナーを受けたことで会社での人間関係が良くなり、その結果、インドへ行くために一カ月の休暇の申請を出したところ、上司がすんなりと許可してくださいました。

そして今まで会社での生活を苦しく感じていたのですが、今では自然体で働けるようになりました。

体験談❷ 私一人が真我とつながることで親族一同が救われていきました

H・Nさん（四十代　女性　長崎県）

夫に借金の取立てが次々に

私は十年前に、夫との関係がめちゃくちゃになってしまいました。結婚してすぐ、それまで優しかった夫の態度が急に変わったのです。

表面上は優しいのですが、借金の取立てが次々とやってきてしまいました。それを私には隠すのです。最初は何がなんだか分かりませんでした。取立てもだんだんと厳しくなっていき、そういう状態で私に「払ってくれ」と言ってきたこともありました。

私は「これを自分の親に相談したら、即別れさせられる」と思い、夫の両親に相談しました。しかし両親からは「うちの息子に限ってそんなことはない」と言われてしまい、私の言っていることを分かってもらえませんでした。夫は私と別れたくないという考えでしたので、私は借金のことをとにかく隠して、シラを切り通しました。

私は小さいときから、「結婚する人とは絶対に別れてはいけない」という思い込みがありました。それは育ってきた環境で、植えつけられたものでした。

夫がどんな人でも「絶対に別れない」と、無意識に決意をしていました。何があっても別れるなどとは考えもしなかったのです。

そのため、夫には何としてでも立ち直ってもらいたいと思い、自分を責める方に入ってしまったのです。

「私が悪かったのではないか」「私がこうすればいいんじゃないか」と、自分を責めて、責めて、それがだんだんひどくなり、九年目になって、体が、最後の糸がプチッと切れたようになりました。

私は、どんなことをされても別れるということが思いつきませんでした。友達から夫婦関係の悩みを相談されたときには「そんな夫とは別れた方がいいよ」と言えたのですが、自分に関しては絶対別れるつもりはありませんでした。

親友二人に「私は夫と本当にもう別れたい」と相談されたときも、私が「うちの夫はこうよ」と話したら、「私の主人の方がよっぽどマシ」と、その親友たちがよりを戻したこともあります。そのくらい、私はひどい状態の中、我慢をしていました。

夫が浮気、生まれたばかりの子供を連れて実家に

私は夫が浮気をすることと、私に暴力を振るうことだけは許せませんでした。もしそうなったら別れてもいいと思っていました。

しかし、結婚九年目に夫が浮気をしていて、その女性が生涯夫についていこうとしていることを知りました。私はそのとき子供が生まれたばかりで、乳飲み子にお乳をやっているような状態です。それにも関わらず「子供がいようが妻がいようが絶対に離れない」と

言っている女性がいると分かったときに、雷が落ちたようになり、頑張っていた最後の糸が切れて頭の中が真っ白になってしまったのです。

私のできる、ありとあらゆることはやり尽くしましたが、「どう生きたらいいんだろう？」と思いました。

ある日、夫の彼女からの手紙を家で発見し、その後、朝五時ごろに夫が帰ってきたとき、「私、もう死のう」と思いました。

しかし、生まれたばかりの子供がそのとき目に入って、我に返りました。そして子供と鞄ひとつ抱えて、タクシーに乗り、実家へ向かいました。以来、主人とは三年間の別居が続きました。

とにかく私は「どう生きたらいいんだろう？」と、手探りの状態でした。実家で両親が悲しんでいる姿を見て「私は自分の生まれたばかりの子供と、両親のためになんとか生きないといけない」と思っていたとき、知人に原先生を紹介していただきました。

「セミナーに行きたい」と思いましたが、そのときに住んでいたのが福岡だったので、これから子供と二人で生きていかなければならず、大事なお金をポンと出せる状態ではありませんでした。

また、子供が六カ月だったのでもし預けるとなると、ベビーシッター代などがセミナーや交通費と同じくらいかかることも分かり、とてもセミナーには行けませんでした。

まずは今すぐできることを実践していこうと思い、原先生の本をすがるように読んでいたら、急に状況が整い、瞬く間にセミナーに行けるようになったのです。

潜在意識から願ったことは叶うのだと実感しました。

セミナーでわかった、夫は「ソウルメイト」だった

そうして九年前、セミナーに前期と後期、二回入りました。最初のときに「夫とは別れてはいけない」という思い込みがあったことに気づいて、はっと目が覚めました。

「何でこんな人と一緒にいたんだろう?」と思い、ぞっとしました。「二度と顔も見たくないし、会いたくもない」と思い、それから「もう別れよう」と思いました。

しかし、子供がいるので、自分の今後のことは、まだはっきりとは決断できませんでした。

セミナーの二回目に内観をしていたら、ぞっとしていた夫も「ソウルメイトだったんだな」ということに気づかせていただきました。

「ありがとう」ではなくて「本当に申し訳なかった」と、「彼の人生があんなにめちゃくちゃになってまで、私を、この真我に導いてくれたんだな」と思いました。そして、懺悔の気持ちで夫に謝りました。

そうしたら、夫もすごく変わってくれて、夢から目が覚めたみたいに「あれ？　俺はなぜあんなことをしたんだろう？」という感じでした。そして「悪かった」「言葉で謝っても信じてくれないだろうけど、これからを見ていて欲しい」といったことを言いながら、夫は変わっていきました。

もちろん急には変われないと思いますが、本当に努力しているのが分かってくるような変わりぶりでした。


セミナーに二回出て、次の年にボランティアスタッフをさせていただき、その次の年は、原先生のところで職員として働かせていただくことになりました。私はとにかく子供のために、頑張っていました。

子供が願っていること「他のものはいらないから温かく育ててほしい」

「私自身は一回死んだようなものだから、子供のために私は真我に向かう」と思って頑張っていたので、まさか子供に辛い思いをさせているとは思っていなかったのです。

福岡を離れて、私と子供と二人で東京に住んでいましたが、なかなか頼る人がいませんでした。子供は保育所にずっと預けっぱなしになってしまいましたが、そのときは子供のためだと思っていたので、子供の気持ちが見えていなかったのです。

三年目に内観をしたとき、私は母親と同じ過ちを繰り返しているのがぱっと見えたので、びっくりしました。

私の両親は二人で会社を経営しています。両親の会社は、業界では九州を代表するぐらいの規模で、福岡のデパートの商品は、私の両親の会社が手がけているといっても過言ではありません。母はもう七十になりますが、ついこの間も、福岡県から表彰を受けました。

社会で活躍している母でしたが、私が幼かった頃の母はあまりにも忙しくて、家族は犠牲を強いられていました。

私は母と全く同じことをしていました。子供が願っていることは、「他のものはいらないから温かく育てて欲しい」なのです。そのことに気づいた途端、瞬く間に「主人のところに戻ろう」と思いました。

あっという間に状況が整い、東京を離れても大丈夫な状態になり、主人と子供と三人での暮らしが始まりました。それ以前の私であれば考えられもしなかった、大調和の生活が始まりました。

その後、両家の両親が四人で、福岡から、私が移り住んだ四国まで車で会いに来てくれたり、両家の両親と私たち三人の七人で、いろいろなところへ旅行に行ったりしました。

幸せを絵に描いたような「こんな世界が待っているなんて、想像もつかなかった」と思うような世界が実現したのです。

いきなり出てきた「もう嘘の生活は嫌だ」

真我に繋がると、真我の存在を信じられるので、心から安らぎを感じることができるようになりました。その後も幸せな中でもいろいろとありましたが、原先生に教えていただいた手法を実践すると、大抵のことは乗り越えられるようになりました。

そして六年後、東日本大震災が起きたくらいの頃に、私の中で急に「もう嘘の生活は嫌だ！」「嘘はつきたくない！」といった感情がいきなり出てきたのです。

いったん大調和に入っていましたが、私が義母に無理をして合わせているところに気づきました。

義母からは今まで夫にいろいろなことがあったことを「(夫の方の）兄弟、親戚には黙っておいてくれ」と言われ、私はずっと黙っていました。そうしていくうちに、心は苦しくなっていきました。そして真我さんの導きで、去年の八月、原先生のところに再度導いていただきました。

私は夫の両親のために生きてきたような人生でした。母を尊敬して愛していて、母のために役に立ちたいと思って生きてきましたが、母に対してかなりの恨みがあることに気づかせていただきました。

ガンの疑い

去年の十一月に入ったセミナーで、母に対する恨みが、私の体の中に封印されていることに気づいた途端、「生きるのか？」「今、トラブルになっている姑を許すのか？」という気持ちになり、気絶しそうになりました。

そして、「許しますけど今は無理です。でも絶対許しますから」と思うことで、正気に戻ることができました。その後、日々の内観を続けていくうちに、十二月に入り、生理のような出血がひと月も止まらなくなりました。

私は今まで健康で、一度も入院したことがないくらいに、健康に育ってきたのですが、母に封印している恨みがあると気づいて、それを解放し始めた途端に、出血が止まらなくなったのです。


十二月の終わりごろにお医者さんに診てもらったら、「ガンの疑いがある」「早く入院して検査をしたほうがいい」と言われました。

「私は死んでしまうのではないだろうか」と、不安で、不安で、たまらなくなりましたが、真我さんを信じて、またセミナーに行けるよう、そこに焦点を当てて生活をしていました。

一月に入り、検査手術で全身麻酔をしました。その数日後に第三ステップに入っていきましたが、その時点ではまだ、まだ結果を知らされていませんでした。

それでもとにかくセミナーに取り組んでいたら、瞑想を行っている際「大丈夫だよ」という声がはっきりと聞こえてきました。「浄化だから大丈夫」と。

しかし、そのセミナーでも、麻酔が残っているのか全身麻酔を浄化しようとしているのか、起きようと思っても初日は丸一日寝たきりで起きられませんでした。二日目になったら四十度近い高熱が出て、体中が痛いので座っていられず、のた打ち回っていました。「信じてはいるけど、あまりにも苦しい」と思いましたが、第四ステップに行ったときには、全ての苦しみがなくなっていました。

検査結果も「もう来なくていいです」と言われたのです。自分でもわけが分からないくらいのことが起きました。ここで出させてもらわなかったら「何年後かに大病をしていたんだな」って思い、本当にありがたく思いました。

九年前から三年間しっかり、何よりも優先して心を浄化した後は、幸せになって、それに甘んじて生きていました。しかし浄化を続けることによって、その後の六年間で子供としっかりと関わることができました。本当にありがたく「良かったな」と思っています。

浄化を続けていくことの素晴らしさを、今ひしひしと感じています。

最近は私が浄化を始めたら、義理の母や夫、私の父が、自分自身の内観を行なうようになりました。今まで父は、自分が長年をかけて許せなかった生みの母親を突然許せるようになったそうです。また夫が、必死に仕事をして、自分を痛めつけるほどにいろいろな問題を起こしていたのは、母親の愛情を貰いたくて無理をしていたそうです。そんなことに気づけるようになりました。

義母は以前、「うちの息子がああなったのはあなたのせいだ」といった態度でしたが、先日、電話をもらって「正直、今まであなたのせいにしていたけど、私が息子の育て方を間違っていた」と謝ってくれたのです。「これからは息子に接する態度を変えようと思う」と言ってくれました。義母が夫に愛を注いでくれるようになり、夫も癒されて、ますます私を応援してくれるようになったのです。

私一人が真我とつながることで、親族一同が救われていくことを、今体験させていただいています。本当にありがとうございました。

体験談❸　真我実現瞑想を続けて叶った願いは一〇〇件以上

松尾ひろ子さん（六四歳　女性　ヨガ指導者　薬局自営）

中庸を知らず、自律神経を乱しながら頑張ってきた

私は十七歳の頃、沖ヨガの本に出会い、二五歳から沖ヨガ三島道場で故沖正弘聖師にヨガのお教えをいただきました。その教えとは「人生そのものがヨガ行であり、そのマニュアルがヨガの教えである！」です。

沖聖師の多くの教えの中で一番好きな教えは「他を生かして自らも生きる」、「ヨガの目的は神（真我）と結ぶ」「ヨガでいう宗教（正しい教え）とは、あなた自身の中に神（真我）を発見することであり、他人にも神（真我）を見ることであり、これができて初めて心の平安が得られる！」で、この教えを念頭において薬局で病気の相談やヨガ指導を続けてきたのです。

しかし私は真我と結ぶという教えの「真我」の言葉の理解はできても、「真我」の実感が無いまま、中庸を知らず、自律神経を乱しながらアドレナリン全開で人生（薬局自営業、ヨガ指導他）を頑張って生きてきました。

興奮状態で生きるということは、周囲の人々に無意識に傷をつけたり、ご迷惑をかけながらの言動をやってしまうものです。

俗人ゆえのカルマが邪魔をしてヨガの無念無想では心の浄化修正ができなかった

原久子先生の真我実現セミナーを初めて受講させていただいたのは六年前でした。

この瞑想法の目的は、自分の今の無意識にあるカルマの心に気づくこと、つまり間違っている心の癖を知り、その結果、真我意識と結ばれることです。

この真我実現瞑想法は原先生が、長年の瞑想修行の結果、ご自身の真我から直観で教えられ、この世に引き出してくださった方法で、ヨガ行の「只すわる瞑想法＝無念無想」より簡単で、誰にでもでき、しかもカルマの浄化修正の効果が顕著に現れる瞑想法だと私は感じております。

私も真我実現瞑想に出会うまでは、ヨガの無念無想の瞑想法、集中瞑想（統一行法）などもやってきたのですが、正直、真我の実感が得られなかったのです。

先達のヨガ行者や天才沖正弘導師は俗の心がない分、俗っぽいカルマが理解できずに、一般的には難解な瞑想法が伝えられてきたのだと思います。

現在は一般人もヨガ行のご縁を持つことができる時代ですが、やはり俗人ゆえのカルマが邪魔をして、無念無想では心の浄化修正は難しいと思います。凡人の私も、沖ヨガの偉大なる教えを実行しようと決心しても自分の心の癖（業＝カルマ）が邪魔をして、常に自分自身に失望し、自分に自信を持つことができずにいたのです。

実際それまでも薬局ビジネスではかなりの成功体験もありましたし、ヨガの生徒もそれなりの数で集まってくれていたにも関わらず、本音の部分では自信がなかったのです。

「真の自信の心」とは、「真我意識の自信」ですので、真我意識と太いパイプで結ばれていなかった原因は、それまで気づいてもいなかった無意識にある私のマイナスのカルマが邪魔をしていたという現実でした。

父と息子を傷つけたことの懺悔

真我実現セミナーの最初は内観ですが、三十年前に他界した父を内観して、自分の醜いカルマ（我儘、自己中心、愛の貧弱さ、傲慢さ、強い支配欲他）を知り、父を傷つけたことに対して、懺悔の涙を流し、その後三年ぐらい自分を許せなかったのです。

息子への懺悔はさらに六年も続いたのですが、真我実現瞑想をやることで自分の真我意識と結ばれていくので、真我のメッセージをはっきりと直観で受け取ることができ、導かれて行きました。傷つけた人に対しては懺悔の瞑想法の中で、その人のそのときの心をしっかり感じ取ることで自分を許せるようになるのです。

父に対しては、自分のカルマをしっかり映し出してもらい、そして深い懺悔をさせてもらったお陰で、真我と結ばれることができた大恩人（師匠）であったことに気づかせていただきました。

そして大切な息子への子育ての中で傷つけたことへの罪悪感は、懺悔の瞑想法と、現実での接し方を変え、精一杯愛を尽くすことで六年経った二〇一四年六月一〇日の朝、真我から「罪悪感をおろす。純粋な母の愛で息子を愛する」というメッセージを戴き、一瞬にして、心が温かく、また軽くなったものです。

真我実現瞑想で叶った私の願いは一〇〇件以上

真我実現瞑想をやり続けていく過程で、私の願いは一〇〇件超えて叶っております。例えば次のようなことがあります。

❶二十年来の願望であった本『丹田力を高めて真我と結ぶヨガ』の執筆ができたのも真我意識の感覚を身体でキャッチできるようになったからです。お陰さまで、満足できる内容の本に仕上がりました。

❷マウイ島に生徒達と一緒に行きたい、と願っていたら、いざないよさこいの故国友須賀先生のお世話で素晴らしい旅を体験できました。

❸三島沖ヨガ道場にて、沖導師に「病気の原因は九五％本人のだよ」と教えられましたが、病気の背後には必ず悩み、苦しみ（本人のカルマ）が存在しますが、漢方、ヨガ整体、呼吸法、食事療法＋内観をやってもらい、無意識層の浄化修正をやることで、自律神経（カルマが乱す）のバランスをとり、健康な心と体になるように指導させていただき、多くの良い結果が出ております。

❹人生を良い方向へ変えたいヨガの生徒達にも真我実現瞑想を紹介し、その結果、理想の相手と結婚したヨガ指導員、乳ガンやアトピーが改善した例、億を超えた借金を解消

できた会社経営者、仕事や周りの人間関係が良好になった人、子供の引きこもり、登校拒否解消、夫婦円満になった人など、素晴らしい結果が出ています。

これらのことは沖導師の教え「自他共に生きる」の実行が叶い、私の他へのお返しとなり大きな喜びです。このお返しの生き方こそが私の真我へのお返しにもなると思います。

❺ヨガの授業の中に内観を取り入れたり、太陽内観も実施しております。生徒達はハタヨガと呼吸法で身心を整えた後、十五分の内観で自分を見つめる内観瞑想は自分のカルマに気づくことができ、さらに真我意識と少しずつ結ばれて、自律神経力が高まり、心が前向きになっていきます。

ヨガの授業が本筋に近づき、より深くなりつつあります。

❻私的な経済の部分では、以前よりがむしゃらに働かなくても、自分の願うやり方で天職に従事しながら、真我の知恵と導きで、マンションを数軒所持できたりなど、物質の豊かさもいただいております。

❼願うと一〇〇%近く叶っています。

例えば家の鍵や車のキーの在処が不明なときは「真我さん教えて!」とフレンドリーにお願いすると、しばらくしたら、私の額の前にその場所のイメージが湧き、見つかります。

また「こうしたい！」と願うと必ず、知恵やアイデアのメッセージが心に浮かび、協力してくださる人に出会わせてくださいます。

こうなるときの合図は腹と胸があたたかくなってきます。

❽以前はおせっかいな親切をして、相手も、自分も傷ついておりましたが、真我意識と結ばれると、相手の心が読めるようになり、「幾、度、間の法則＝人間は、丁度良いとき、丁度良い量だけ、丁度良いことをした場合に最高のバランスがとれるという法則」、つまり私に不足していた中庸の心が少しずつ体得できてきました。
結果、周囲の人たちに対する思いやりの心や慈悲の心が少々大きくなったかなと自負しております。また、無理や無茶をして、それまでの自分の身心を崩してしまう癖がなくなり、冷静に仕事や人間関係に対処できるようになりました。

❾今後も人生の中で、どのような難題が目の前に起こってこようとも、真我が導いてくださるという不動の安心感を持って生きられるので、「私は私という真我の自信」を持って人生を歩めるようになりました。
「私の魂の成長のために常に導き守っていてくださっている！」と実感できており、私にとって、真我は誰よりも信頼できる存在であり、真我に一〇〇％以上頼って生きてお

ります。

これが神（真我）にお任せの生き方になるのだと思っています。

ヨガの修行体系は紀元前すでに存在しており、多くの聖者が実践してきたといわれます。それゆえ難関でやりがいもあります。沖ヨガ修行は一〇段階の修行法です。そしてヨガ行の目的はすべての段階を多くの転生でクリヤーしていくことで、魂の成長を実現させる、つまり真我の心（感謝、愛、慈悲、誠実、正直など）を常に持てる人間になるための修行法であり、そして人間の本当の姿は「真我（神）の存在」であることに気づく瞑想行法なのです。

真我の心を常に持てる人間になるための一〇段階の修行法

一段階……ヤマ、ニヤマ（精神修行法）＝持ってはいけない心、持たねばいけない心＝マナー

二段階……アサナ（動禅）＝姿勢を正しく整体して、自律神経を整える

三段階……プラーナヤーマ＝呼吸法と食事法でさらに自律神経を整える

四段階……プラテイヤハラ（制感自立行法）＝自分の意志で身心をコントロールする訓練

五段階……ダラーナ（統一行法）＝体と心を統一して今、自分がしていることに全力を注ぎ込む訓練

六段階……デイヤーナ（禅定行法）＝心と体と生活が一体となって最高に安定と安らげるようにする訓練

七段階……バクテイ（信仰行法＝放下業法）＝無条件で自分を神（真我）に、また他に捧げる訓練（この捧げる訓練ができないと無念無想、無我は体得できない）

八段階……サマディ（三昧行法）＝相手の心に共感する心、深い思いやりの心を養う訓練

九段階……ブッディイ（仏性行法）＝人や自然すべてに神をみて尊ぶ心を養う訓練

十段階……プラサード（法悦行法）真の歓喜＝釈迦の悟りの境地であり、真我（神）の願いを自分の願いとすることができたら神人合一となる真の永遠の喜び

カルマの浄化が進むにつれて、真我の心を持てるようになると一段階から一〇段階までの心が少しずつ実感できるようになります。

原久子先生の人生かけての瞑想修行で、一般人でも簡単に真我と結ばれる真我実現瞑想

のプログラムをご考案くださったことに深く感謝をさせていただきます。合掌

体験談❹ 真我に守られて仕事がどんどん順調に。毎日、社員の顔を浮かべて感謝の呼吸法を

（M・S様　六十代　男性・会社経営）

勝ち負けにこだわった生き方で職場でもぶつかってばかり

私は海洋潜水工業の会社を経営しております。原先生に初めてお会いしたときの私は、パンチパーマで髭が生えており、体も今より少しがっちりしていました。

私は幼い頃から他人と自分を比べて、自分が強いか弱いか、勝つか負けるかといったことばかりを考えながら生きてきました。

大人になってダイバーになったときも、他のダイバーが水深五十メートルの場所へ潜って仕事をしていると、自分は六十メートル潜ろうと思っていたのです。

他の人が一日中、溶接を行なう仕事をしていると、「俺は絶対にあの人よりもたくさん仕事をする」と思うなど、毎日が人との競争でした。人と戦うことで、私は自分を保って

いたのです。

そういう勝ち負けにこだわった生き方をしていましたから、私は弱々しいと思われることは避けて通っていました。

ですから、花や自然が「綺麗」だとか「美しい」と思う気持ちや、「愛」といった言葉は、物心のついた頃から私のイメージの中にはありませんでした。

「美しい」という言葉を聞いただけで「自分の言葉ではない」と思って嫌っていたのです。また、弱い自分や弱いものは自分から見たくないと思っていました。

そのような気持ちを持っていましたから、当然、人ともたくさんぶつかっていました。職場での喧嘩は数限りがありません。若い頃は現場で何度も、取っ組み合いになる喧嘩をしていました。そのため、少し仕事がうまくいっても、またすぐにダメになる、といったことを繰り返していたのです。

信頼していた番頭の裏切り

そんなとき、私は原先生と出会いました。原先生と出会うことになった大きなきっかけのひとつは、私が社長を務める会社の番頭（リーダー）であった社員Aさんとの一件です。

私が海外出張から帰ってきて一週間後のある日、取引先の会社の社長が、私が一人で事務所にいるときに会社に訪ねて来てくださいました。

社長は、「Aさんは、あなたの会社の社員さんですよね」と言いました。「はい、Aはうちの番頭です」と私が言うと、社長は「実はAさんがこういう名刺を持ってきて、それから今、うちの仕事をお願いしているんだけど」とおっしゃいました。

差し出された名刺には、私の会社とは違う会社名と、代表取締役の肩書き、そしてAさんの名前が書いてありました。

私が海外に出張へ行っている間に、彼は新しい会社を作り、私の会社の機械と従業員を使って仕事をしていたということです。

海外出張から帰ってきて一週間、事務所はいつも通りの風景でしたし、Aさんともいつもと同じように仕事をしていましたから、私は何も知りませんでした。取引先の社長に教えていただいて、初めて事実に気がついたのです。私は信じられない気持ちでいっぱいになりました。

Aさんは、私が会社を立ち上げる前に働いていた会社で私の後輩でした。彼は私を頼って私の会社に入社し、会社に寝泊まりをしながら一緒に仕事をして、私が手塩にかけて育ててきた右腕のような存在でしたので、信じられなかったのです。

その出来事が起こるまで、私は自分を、少しのことでは負けない強い人間だと思っていました。しかし、取引先の社長が帰った後、腰が抜けてしゃがみ込んでしまい、立てなくなってしまったのです。

信頼していた人に騙されて裏切られたということや、海外から帰ってきて一週間、何も気がつかずに事務所で仕事をしている自分の馬鹿さ加減にもショックを受けて立ち直れなくなってしまいました。

今まで自分を支えてきたものが一気に崩れたのです。頑張ろうという気持ちが出ても、いつも腰が抜けたようになってしまいました。

一日中、目をつぶってもAさんの顔が頭の中に浮かんできて、「このやろう」と心の中で文句を言って恨んでいました。

同時に世間体も気になってしまいました。騙された私の馬鹿さを世間が皆笑っているだろうとも思えました。「あそこは飼い犬に手を噛まれた馬鹿社長だろうな」と思われることを考えると、外に出るのも苦痛になってしまったのです。

電車に乗っていても何をしていても、自分が夢遊病者のような感じがして、すべての行動が空回りをしているように思えました。

本当はお客様のところへ行って新しく仕事をいただかなければならないのに、行ったら何を言われるだろうと思うと、お客様のところにも行けないという状態が三カ月ほど続いたのです。

そのような状態で原先生と偶然お会いすることができ、原先生から様々なことを教えていただきました。

「この人についていけばなんとかなるかもしれない」

今、私は海の環境を調和し、海の中に森を作る仕事をしています。日本中で海藻が年々減っている今、海の海藻を取り戻したいという思いがあります。

また、心が調和した人に海へ入っていただくと海が喜ぶと思いますので、そのような活動も私の仕事の一環になります。

海に関わる仕事を初めて間もない頃は、「美しい」や「愛」、「きれい」などの言葉は自分の中では思い浮かびませんでした。海の中に潜っても美しさに感動することがなかったのです。

私が三十歳前後の頃、伊豆七島の港を造るプロジェクトに従事していました。その過程には、磯を取り除く作業も含まれました。今はあまり行われていませんが、昔は磯を取り除く際にダイナマイトを使用していたのです。

磯がきれいに取れると「やった」と思い、周りの皆にも褒められたのです。

私はダイバー仲間の中でも磯壊しの技術に優れていましたので、同じ宿舎にいても特等席に座る存在でした。

しかし昭和の終わり頃、原先生のセミナーに参加し始めて自分の心の中を見ていくうちに、「もしかしたら自分はとんでもないことをしてきたのではないか？」と思うようになったのです。

磯を壊して多くのものを造ってきましたが、磯には海藻が生えており、多くの魚も住んでいます。磯は、海辺の生物にとっては住まいともいえる場所です。それを私はダイナマイトを使って壊し続けてきたのです。外国で起こる自爆テロと同じようなことを私は続けてきたのだということに気づきました。

原先生とお会いしたとき、最初は「真我」と言われてもよく分かりませんでした。しかし、原先生の一言一言から、自分にはない内側の強さを感じ、「この人についていけばなんとかなるかもしれない」と思ったのです。

受講生になってから、みるみるよくなった体調

そのようにして私は原アカデミーと関わっていました。原アカデミーと関わってきた長い期間の中でも、良いときと悪いときの波がありました。

自分に良い波が来ているときには、セミナーにも一生懸命取り組み、また、講師としても打ち込んで仕事をしていました。

講師は皆さんにアドバイスができる立場ですので、「私はすごいことを言えるようになった、私もすごい人になったのかもしれない」と思うようになります。

しかし、思い上がると一気に悪い波へと落ちてしまうのです。自分に驕りが出てそれが周囲に伝わると、周囲から叩かれるように急に悪い波へと落ちてしまいます。

それからまた謙虚な気持ちで物事に取り組んでいると、また良い波に乗ることができました。

良い波と悪い波との繰り返しの中で、嫌なことも多く経験しました。特に体の不調にはいつも悩まされていました。私は持病の腰痛が酷く、しょっちゅう腰が痛くなり、飛行機や電車に乗って出張へ行くと、次の朝にベッドから起きられなくなったのです。

仕方がないのでベッドから一度、転がり落ちてからベッドに手をついて起き上がっていました。そのため、朝起きるのが辛いと感じることも多かったのです。

腰痛が酷かった頃は、あまり現場にも行ける状態ではありませんでした。

また、私は五十年ぐらい痔にも悩まされており、体が冷えるとすぐに痔になってしまいました。さらに皮膚病も患っており、いつも手足がただれていたので、包帯を巻いてなるべく他の人に見えないようにしていました。

胃腸も弱く、体に悪いものを食べると下痢をしてしまい、内臓もうまく機能しなかったのです。

真我実現セミナーの講師を経て、受講生として参加するようになってからは、体がみるみる良くなりました。最初にまず腰痛が見事に治り、皮膚病も一～二年かけて良くなり、痔も止まりました。

体調が良くなったので出張で全国や海外を飛び回ることもできるようになり、今は年間八十～百フライトくらい飛行機で飛び回っています。海にも以前のように潜ることができるようになりました。

講師のときにも充実した気持ちで仕事をさせていただきましたが、受講生になると見事に体調が変わりました。気持ちの中でも、これまで目を向けてこなかった美しいものや弱いものに目が行くようになったのです。その中で見えてきたのが、私と父との関係です。

内観で伝わってきた父の思い「死ぬ前に一度、息子の優しさが欲しかった」

内観で父との関係を見たときに、父からは様々なことを教えてもらいました。私は幼い頃に父と遊んだ記憶がありません。母が私を育ててくれたと思い、父はあくまでも母の付録くらいにしか思っていませんでした。

真我実現セミナーのステップの中には、内観法、止観法、対人関係調和法があり、いずれのステップでも自分の父との関係を見ていこうと思ったのです。

二回目の受講で対人関係調和法を行なったとき、父がなかなか遊んでくれなかったことや、家の中で父の影が薄かったことを思い出しました。

それはなぜだろうと考えたときに、私が子供の頃のある出来事を思い出したのです。ある日、父が外でお酒を飲んで家に帰って来ました。酔っ払って何かを叫びながら帰って来たので、眠っていた私も目を覚ましたのです。

母も目を覚まして、アルミの洗面器を持って来ました。父が私たちの隣の布団で吐いている姿が見えました。そのときに母が言っていた言葉が思い出されたのです。

母は、目の前で吐いている父を私たちに見せながら「お前たちはこんな呑兵衛になるなよ。お父さんみたいになったらダメだよ」と言いました。

その言葉が私の耳にしっかりと入ってきたのです。私はそのとき、母が「こんな弱い男になったらだめだよ」と言ったように聞こえました。

そのときから私は「男は強くなければならない」と思うようになりました。母の言葉がずっと自分の中に残っていて、酒を飲んでも飲まれるような男になってはいけないと思い、絶対にそんなふうにはならないと思いながら生きてきたことを思い出しました。

その頃の父は炭鉱夫で、職場を転々としていました。父は夜に入坑する三番方で、朝まで働き、しゃがんで炭を掘り出す仕事で私たちを育ててくれたのです。私が中学の頃、炭鉱が閉鎖になり、仕事を失った父は漁師になりました。父は北洋漁船という船に乗っていたのですが、ある日突然、父が漁師を辞めて家に帰ってきたのです。父は母に「海に落ちた」と言っていました。

そのとき私は「馬鹿やろう、海に落ちたくらいで仕事を辞めてくるなよ」と思ったのを覚えています。

今、私はダイバーなので分かります。北海道の海はとても冷たく、落ちると生死の危険に関わります。それで父は「もう漁師はやらない」と仕事を辞めて、また職を転々としましたが、ようやく山菜業という、山へ行って山菜を採ってくる仕事に落ち着きました。

父は山菜業を町では一番後発で始めたので、先輩方と飲み付き合いをして、仕事を教えてもらわなければならなかったのです。

父はいつも飲んだくれていましたが、私を育てるために、一生懸命仕事をするために、会社の先輩や同業者の人と飲んで酔っ払ってきたのだということが分かり、そこからたくさんのことがつながってきました。


私は父に対し「遊んでくれない」「弱い」などと思っていましたが、よく思い出してみれば父は仕事で指を切断し、親指がありませんでした。

父は私が小学二年生のときにグローブを買ってくれたのですが、親指がないので一緒にキャッチボールができなかったのです。そのため、父とキャッチボールをしたことは一度もありませんでした。また、かけっこをしたこともありませんでした。


対人関係調和法のステップで父と自分との関係を見ていくと、父が傷痍軍人であること、戦争中に銃弾が足に貫通して足を悪くしたということも思い出しました。

第三ステップのときまでは父の手の親指がなかったことや、足を悪くしているということに気がつきませんでした。

初めて気がついたとき、父はすでに亡くなっていたのですが、申し訳ない気持ちでいっぱいになりました。私はそれなりに父へお返しをしたと思っていたのですが、ずっと父は母のおまけだと思い続けていたのです。

父が亡くなる直前、父の車椅子を押したわけでもなければ介護をしたわけでもありませんでした。

すべては人任せで、一回も父の死ぬ間際に手をかけてあげることができなかったのです。「死ぬ前に一度、息子の優しさが欲しかった」といった父の気持ちが伝わり、後悔の気持ちで一杯になりました。


やりたいことが見え始めたら、どんどん入ってきた仕事

父と自分との関係が見え始めてきた頃から、これまで気づかなかったいろいろなことが分かるようになりました。

「きれい」や「美しい」というイメージや、人の弱さに敏感になってきたのです。良い意味でとても敏感になり、小さなことで喜べるようになりました。

それと並行して、今まで嫌っていた自分を受け入れることができるようになり、自分を徐々に愛せるようになっていったのです。

そして、第四ステップでは本当に自分がやりたいことは何なのかということが見え始めてきました。父を通して自分を見させていただき、本当に自分のやりたいことが見え始めたら、仕事が嘘のように一気に好転しました。

次から次へとたくさんの仕事が入ってきてくるようになったのです。

今、私の会社の業界は不景気なのですが、業界の中では比較的、多くの仕事をいただける状態になっています。

また、本当の自分が見えてきたら、本当に自分がやりたいことも見えてくるので、次に何を目指しているのかが見えてくるようになり、新しい分野の開拓ができるようになりました。今では、日本でも一流と言われる大企業から「一緒に協力をしませんか」とお声がかかるようになりました。また、大学の先生方も一緒に協力をして仕事をしたいと声をかけてくださっています。

行政の方からも直接お電話でお問い合わせをいただけるようになり、また、海外の海洋研究所からもオファーをいただきました。

最近では韓国や中国、フィリピン、南太平洋の国々からも「我が国の海を見て欲しい、相談に乗ってもらいたい」というお話が寄せられています。

それまでは下請け企業として、すでに決められた仕事を請け負うことが多かったのですが、今は「パートナーとして協力して欲しい」という、これまでとは違ったお仕事のお話をいただくようになりました。本当の自分が分かれば分かるほど、そして自分を好きになるのに比例して仕事がうまくいくということを実感しています。

今は真我実現セミナーで講師スタッフとしてお手伝いをさせていただくことと、毎日呼吸法を行うことは、私の仕事だと思って実践しています。

なぜなら、本当の自分が分かれば分かるほど、仕事が好転してうまく回り始めるからです。ボランティアとして真我実現セミナーのお手伝いをするたびに新しい発見があり、たくさんのことが変わってくることを実感しています。

真我に守られていた東日本大震災の時

二〇一一年三月十一日に東日本大震災が発生した際、私の会社の社員も福島県の現場で仕事をしていましたが、驚くことが三つありました。

まず、福島県のメンバーがほとんど無傷で帰ってきてくれたということです。現場は津波の被害に遭ったのですが、たまたま私の会社の社員は被害に遭わずに済みました。

もう一つは、八五〇〇万円ほどする機械を千葉県の銚子の港のすぐ傍に置いてあったのです。おそらくその機械は津波で流されただろうと思っていました。

その機械は私の会社を支えてくれていた機械の一つで、私にとってはとても大事な機械です。その機械を流されると、私の会社にとってはかなりダメージが大きかったのですが、なんと機械も無事でした。

近隣の外海の方は、船が流されてしまったのですが、機械の置いてある場所だけ無事だったのです。その知らせを聞いたとき、私は嬉しくて思わず涙が流れました。「やはり真我は存在するんだな」と思い、嬉しかったのを覚えています。

三つ目は、日本で初めて洋上風力発電を国が実験的に建設することになり、その仕事の水中部の工事を私の会社で行なうことになったのです。ところがその現場周辺は、地震で津波の被害に遭っていました。工事の現場は津波で壊れてしまうだろうと思っていましたが、実は洋上風力発電の現場もほとんど無傷だったのです。以上三つの出来事で、本当に自分がついているのだということを実感した震災でした。まさに真我に守られていたのだと思います。

私は毎朝、社員一人一人の顔を思い浮かべながら感謝の呼吸法を行なっています。私の会社の社員は、私にとっては宝物のような存在です。これからも社員と一緒に歩いていきたいと思っています。

毎日、社員の顔を見て感謝の呼吸法を行なっていたおかげで、今日を迎えることができたと思います。このような体験談を発表できることを本当に感謝いたします。

あとがき

私は二十代からヨーガを始めて、「真我」の存在があることを頭では理解していましたが、私の内側に本当に存在しているのか、私を本当に守ってくださっているのかを実感することが長年できずにいました。

ところが、本書に書かれている真我と出会うための方法を実践したところ、私にも真我が存在し、生まれてから今日までずっと私をサポートし続けて下さったことを、はっきりと体感いたしました。

そして自分の内側に存在する「真我」に語りかけたりお願いすることで、必要なことはなんでも叶えて下さることを体験し続けております。

私だけでなく、「真我実現セミナー」に参加された多くの方々も、皆様、同じ体験をされております。

真我（神）に話しかけることは、難しいことでも大それたことでもないのです。ただ「真我」を実感し親しい関係になることさえできれば、親しい友人や信頼できる両親に語りかけたり、お願いしたりすることと同じであることを、誰でもが体験できるでしょう。

本書は、誰の内側にも存在している真我を味方につけて生活していったときに、未来への不安が消え、常に平安な気持ちで幸せな人生を送ることができることを知っていただきたく、書かせていただきました。

本書の刊行に当たり、ＫＫロングセラーズ様、そして私の原稿をまとめて下さった、株式会社ジュビリー代表の橋本絢子様に心からお礼を申し上げます。

原　久子

真我に目覚めれば願いが次々と叶う

著　者　原　　久　　子
発行者　真　船　美　保　子

発行所　KKロングセラーズ

〒169-0075　東京都新宿区高田馬場2-1-2
電　話　03-3204-5161(代)

印刷・太陽印刷　　　製本・難波製本

ISBN978-4-8454-2336-1
Printed in Japan 2014